Ferdinand Lassalle

Die Feste, die Presse, und der Frankfurter Abgeordnetentag

Drei Symptome des öffentlichen Geistes. Eine Rede; gehalten in den Versamlungen

des Allgemeinen Deutschen Arbeiter-Vereins zu Barmen, Solingen und Düsseldorf

Ferdinand Lassalle

Die Feste, die Presse, und der Frankfurter Abgeordnetentag
Drei Symptome des öffentlichen Geistes. Eine Rede; gehalten in den Versamlungen des Allgemeinen Deutschen Arbeiter-Vereins zu Barmen, Solingen und Düsseldorf

ISBN/EAN: 9783743453739

Hergestellt in Europa, USA, Kanada, Australien, Japan

Cover: Foto ©Suzi / pixelio.de

Manufactured and distributed by brebook publishing software
(www.brebook.com)

Ferdinand Lassalle

Die Feste, die Presse, und der Frankfurter Abgeordnetentag

Die Feste, die Presse

und der

Frankfurter Abgeordnetentag.

Drei Symptome des öffentlichen Geistes.

Eine Rede

gehalten in den

Versammlungen des Allgemeinen Deutschen Arbeiter-Vereins

zu Barmen, Solingen und Düsseldorf

von

Ferdinand Lassalle.

Berlin 1892.

Verlag der Expedition des „Vorwärts" Berliner Volksblatt

(Th. Glocke).

Vorbemerkung.

Die Versammlungen, in denen die Rede gehalten wurde, welche den Inhalt der vorliegenden Broschüre bildet, fanden am 20. (Barmen), 27. (Solingen) und 28. (Düsseldorf) September 1863 statt, mehr als vier Monate nach der Frankfurter Rede. Die Vorkommnisse bei denselben sind am Schluß der Broschüre geschildert, sodaß hier nicht weiter darauf eingegangen zu werden braucht. Die Schilderung ist von Lassalle selbst redigirt und daher begreiflicherweise tendenziös gefärbt. Man wird namentlich von den Zahlen, die er giebt, einiges abziehen müssen, aber unbestritten ist, daß die Arbeiter, die in Barmen und Solingen Lassalle ihre Zustimmung zu erkennen gaben, nach Tausenden zählten. Nur daß diese Zustimmung noch nicht den Beitritt zum Allgemeinen Deutschen Arbeiterverein bedeutete, noch die volle Aufnahme der Lassalleschen Lehren, sondern meist blos erst das Einverständniß mit der Tendenz der Bewegung. Auch nach den Versammlungen vollzog sich die Einzeichnung in die Listen des Vereins viel langsamer, als Lassalle erwartete.

In Bezug auf den Inhalt der Rede verweisen wir auf das in der Gesammtausgabe (Bd. I S. 147—154) darüber Gesagte. Es läßt sich nicht mehr feststellen, welche Einflüsse Alles in den Sommermonaten 1863, während deren Lassalle sich in allerhand fashionablen Badeorten aufgehalten, auf ihn eingewirkt, aber zweifellos ist, daß er, nach Deutschland zurückgekehrt, einen Ton anschlug, der ganz erheblich von dem seiner

1*

erften Agitationsreden abwich. Im „Offenen Antwortfchreiben"
hatte er der preußifchen Fortfchrittspartei das Festhalten am
Dogma von der preußifchen Spitze vorgeworfen, während es
keine Regierung in Deutfchland gäbe, die reaktionärer fei als
die preußifche. Hier wirft er ihr im Gegentheil vor, fie lieb=
äugele mit den deutfchen Fürften, um die preußifche Re=
gierung einzufchüchtern, führt aber felbft eine Sprache, die
nicht anders bezeichnet werden kann, als ein Liebäugeln mit
der preußifchen Regierung. Seine Kritik des Verhaltens der
liberalen Oppofition und ihrer Organe gegen die Regierung
ftimmt oft wörtlich mit dem überein, was die reaktionären
Blätter darüber fchrieben. Freilich durfte fich Laffalle damals
darauf berufen, daß er z. B. über das Inftitut der bürger=
lichen Preffe fich fchon viel früher gleich wegwerfend geäußert
wie in diefer Rede, aber er war ein viel zu gefchulter Politiker,
um fich verhehlen zu können, daß in jenem Moment die oben=
drein fehr einfeitigen Angriffe auf die Preffe nur Waffer auf
die Mühle viel fchlimmerer Feinde des Volkes fein mußten,
als es die liberale Preffe jener Tage war. Indeß, wie be=
reits an der zitirten Stelle der Einleitungsfkizze ausgeführt,
er war mit diefer Rede an dem Wendepunkt feiner Agitation
angelangt, er begann an der eignen Kraft der Bewegung, an
deren Spitze er fich geftellt, zu zweifeln, und wurde dadurch
dazu getrieben, allerhand Manöver zu verfuchen, die er fonft
verfchmäht hätte. Daher auch die vielen Uebertreibungen in
diefer Rede, die, wie faft alle Laffalle'fchen Reden, vorher in
allen Theilen forgfältig von ihm ausgearbeit war: die forcirte
Sprache und das immer ftärkere Hervorheben der eignen
Perfönlichkeit.

Trotzdem aber die Rede fo vieles enthält, was der
preußifchen Regierung erwünfcht fein mußte, und denn auch
von den minifteriellen Organen mit hellem Jubel begrüßt
wurde, follte fie doch Laffalle einen recht unangenehmen Prozeß
eintragen. Kaum war die Brofchüre, deren Inhalt fie bildet,

erschienen, so wurde dieselbe — am 21. Oktober 1863 — polizeilich mit Beschlag belegt und gegen Lassalle wegen Vergehens gegen die §§ 100 und 101 des preußischen Strafgesetzbuches (die beiden Haß- und Verachtungsparagraphen). Anklage erhoben. Die Untersuchung zog sich, da Lassalle mittlerweile nach Berlin übersiedelt war, ziemlich in die Länge und trug Lassalle unter Anderem, am 29. Januar 1864, eine polizeiliche Sistirung ein, da er einem Erscheinungsbefehl des die Sache führenden Düsseldorfer Instruktionsrichters Lützeler nicht Folge geleistet hatte. Auf die näheren Umstände der Verhaftung und die sich daran knüpfenden langwierigen Auseinandersetzungen Lassalle's mit den verschiedenen betheiligten Behörden hier einzugehen, würde zu weit führen; genug, Lassalle wurde im Frühjahr 1864 von dem Düsseldorfer Landgericht in erster Instanz in contumaciam zu einem Jahr Gefängniß verurtheilt. Er sowohl wie die Staatsanwaltschaft, die zwei Jahre Gefängniß beantragt hatte, appellirten, und am 27. Juni 1864 kam der Prozeß vor der Düsseldorfer korrektionellen Appellkammer zum zweiten Mal zur Verhandlung. Lassalle vertheidigte sich in vierstündiger Rede selbst und erreichte wenigstens soviel, daß die Strafe auf sechs Monate herabgesetzt wurde.

Diese Vertheidigungsrede ist die letzte Rede, die Lassalle überhaupt gehalten. Wenige Tage nach der Prozeßverhandlung ging er in die Schweiz, wo er nach zwei Monaten sein Ende finden sollte. Aber man kann leider nicht sagen, daß seine letzte Rede ein würdiger Abschluß seines öffentlichen Lebens gewesen. Die Fehler der Rede, wegen deren er sich zu verantworten hatte, finden sich in der Vertheidigungsrede nur noch schärfer pointirt. Sie ist in anderer Form eine Wiederholung der Ronsdorfer Rede, in Bezug auf die Freund und Feind übereinstimmen, daß sie die schwächste der Lassalle'schen Reden war. Seine Kraft war, wie er am Schluß der Rede indirekt selbst zugesteht, erschöpft.

Der in Broschürenform veröffentlichte Prozeßbericht ist, wie auf dem Titelblatt desselben bemerkt, nur ein Separatabdruck des in der „Düsseldorfer Zeitung" erschienenen Berichts über die Gerichtsverhandlung. Redakteur jenes Blattes war damals Herr Paul Lindau, und ihm hat Lassalle bekanntlich das Konzept seiner Vertheidigungsrede geschenkt. Ist die Rede also auch nicht wörtlich wiedergegeben, so ist der Auszug doch als zuverlässig und jedenfalls im Sinne Lassalle's verfaßt zu betrachten. Der Bericht, der sie enthält, wird ohne besondere Vorbemerkung an die vorliegende Broschüre anschließen.

Die in den Fußnoten zitirten Seitenzahlen beziehen sich auf Band I. der Gesammtausgabe von „Ferd. Lassalle's Reden und Schriften", welche im gleichen Verlage in ca. 45 bis 50 Lieferungen oder 3 Bänden erscheint.

Ed. Bernstein.

Freunde!

Nicht sowohl, um lange Reden, als besonders um Heer=
schau zu halten, bin ich zu Euch gekommen! Es war mir
ein Bedürfniß, in die Provinz zu eilen, welche vermöge des
Geistes ihrer Bevölkerung, vermöge vor Allem eines in geistiger
und materieller Beziehung hoch entwickelten Arbeiterstandes,
in noch weit höherem Grade selbst als Leipzig und Hamburg
die wirkliche Residenz der Macht unseres Vereines bildet. Es
war mir ein Bedürfniß, diese Macht in ihrer Entfaltung zu
sehen. Darum danke ich Euch, daß Ihr in dieser Massen=
haftigkeit Euch eingefunden. Ich konstatire mit Wohlgefallen,
daß trotz des gräulichen Unwetters, trotz eines in Strömen
niedergießenden Regens dieser Saal Tausende faßt, wie mich
bereits viele Hunderte von Arbeitern am Bahnhofe erwarteten.
— Aber es ist noch ein anderes Bedürfniß, das mich zu Euch
getrieben, das Bedürfniß, Euch zu danken für die männliche,
energische Weise, in welcher Ihr Euch gleich seit dem Anfang
dieser Bewegung benommen.

Ihr erinnert Euch, die Fortschrittler hatten damals die
elende Verleumdung verbreitet, in den einen Organen ihrer
Partei, ich sei ein unbewußtes, in den andern, ich sei ein be=
wußtes und erkauftes Werkzeug der Reaktion! Und wahr=
haftig, es ist ganz denkbar, daß Einzelne unter ihnen wirklich
hieran glaubten. Denn es wäre mindestens ganz begreiflich,
wenn diese Eunuchen nicht zu begreifen vermögen, wie Ein
Mann allein sich erheben kann gegen Alle, Nichts hinter sich,
weder die Regierung einerseits, noch Kliquen, noch Koterien,
noch Zeitungsorgane andrerseits, auf Nichts gestützt als auf
die Prinzipien und auf sein Vertrauen zu der Kraft und dem
gesunden Sinne des Volkes!

Damals erhobt Ihr Euch in Unwillen und Entrüstung!
Ihr kanntet mich! Ich hatte zehn Jahre unter dem
Rheinischen Arbeiterstande gelebt, die Revolutionszeit wie die
Zeit der weißen Schreckensherrschaft der fünfziger Jahre hatte
ich mit Euch verbracht. Ihr hattet mich, wie Ihr mir in
Euerer Adresse mit Recht zuruft, in der einen wie in der
andern gesehen. Ihr wußtet, welches Haus trotz des weißen
terreur von Hinkeldey-Westphalen, trotz aller wilden Recht-
losigkeit jener Zeit, und zwar bis zum letzten Augenblick
meines Verweilens in der Rheinprovinz, das furchtlose Asyl
demokratischer Propaganda, das treue Asyl der furchtlosesten
und entschlossensten Parteihülfe gewesen war!
Ihr wußtet auch, daß ich mich unmöglich habe ändern
können. Mit der Schnelligkeit des Blitzes und mit einer
imposanten Einmüthigkeit erhobt Ihr Euch zum Schutze der
von mir entrollten Fahne. Auf dem Provinzial-Handwerker-
tage zu Köln, den Arbeiter-Versammlungen zu Düsseldorf,
Elberfeld und Barmen legtet Ihr Zeugniß ab! Es waren
rühmliche Tage! Rühmlich durch die Entschlossenheit, Raschheit und Treue, mit der Ihr zu mir standet, zu mir, der ich
seit sieben Jahren fern von Euch weilte, zu mir, den Ihr
vergessen haben konntet, um so mehr, als ein neues Arbeiter-
Geschlecht unter Euch aufgewachsen war, zu mir, der ich damals verschmähte, zu Euch zu eilen, weil ich sehen wollte, ob
nicht hinreichende Prinzipientreue auch ohne persönlichen An-
trieb unter Euch vorhanden sei. Und Ihr zeigtet es mir!
Ihr zeigtet mir, daß Ihr ebenso treu zu mir hieltet, wie ich
zu Euch, und das junge Arbeiter-Geschlecht — es war in
den Traditionen des alten emporgewachsen!
Rühmlich nenne ich endlich jene Tage besonders deshalb,
weil Ihr Eure Entscheidung trafet mit dieser Raschheit und
Sicherheit, trotz des entgegenstehenden Einflusses und Zeter-
geschreies der gesammten Presse, selbst solcher Organe, welche
bis dahin noch am meisten sich den Schein demokratischer
Organe zu wahren gestrebt hatten.
Als ich mich in Berlin anschickte, das „Antwortschreiben"
an das Leipziger Komité drucken zu lassen, welches diese Bewegung hervorgerufen hat, da fielen mir meine besten Freunde
mit dem Ausruf in den Arm: Sind Sie ein Rasender? Sie
wollen eine solche Bewegung hervorbringen ohne — denn so
stand die Sache damals noch — ohne auch nur ein einziges

Blatt, ein einziges Organ für dieselbe zu haben? Ich ant=
wortete: Ich bin kein Rasender! Eine Bewegung der Bour=
geoisie freilich, die wäre ganz und gar unmöglich ohne
Zeitungs=Organe, denn der Philister ist gewohnt, sich seine
Meinung von den Zeitungen machen zu lassen, er schwätzt
Abends beim Wein wieder, was er früh beim Kaffee gelesen
hat, und er kann gar nicht anders. Im Wesen des Arbeiter=
standes aber liegt es nothwendig, sich von der Herrschaft der
Presse emanzipiren zu können. Im Arbeiterstande lebt bereits
ein tiefer Klassen=Instinkt, welcher ihn fest und selbständig
macht gegen Alles, was eine elende Presse sagen möge. Im
Arbeiterstande lebt bereits ein konsequentes und eignes Selbst=
denken, welches ihn unabhängig macht von allen Zeitungs=
schreibern der Welt. Dieses Vertrauen in das selbständige
eigne Denken des Arbeiterstandes habt Ihr gerechtfertigt, und
diese Bestätigung jenes Blickes, den ich in das Wesen Eurer
Klasse geworfen hatte, gehört für mich zu den schönsten Er=
innerungen jener Tage.

Indem Ihr Euch damals mit dieser Raschheit erhobt,
habt Ihr nur Eure Pflicht gethan. Ihr thatet nur Eure
Pflicht, denn Ihr kanntet mich; Ihr thatet nur Eure Pflicht,
denn ich selbst hatte mich ja für nichts Anderes erhoben, als
für dieselben Grundsätze, welche seit fünfzehn Jahren das
Band bilden, welches uns innerlich vereint. Aber so steht
die Sache überhaupt im Leben, daß der Mensch nicht weniger
und nicht mehr thun kann, als seine echte Pflicht. Und so ist
aus dem lauten und öffentlichen Bekenntniß der Grundsätze,
die uns seit je im Stillen verbanden, ein neues Band ge=
worden zwischen mir und Euch, ein Band, das niemals reißen
soll! Wo auch äußere Rücksichten mich bestimmen zu leben,
mit Herz und Seele, Rheinische Arbeiter, weile ich immer
unter Euch!
(Anhaltender Zuruf.)

Ich habe Euch bereits gesagt, es ist nicht der Grund
meiner Ankunft, endlose Reden zu halten. Was in öko=
nomischer und sozialer Hinsicht für jetzt zu sagen ist, es ist
bereits gesagt in den letzten Publikationen, welche von unserm
Vereine ausgegangen sind. Es ist gesagt in meiner Frank=
furter Rede, welche ich seitdem unter dem Titel: „Arbeiter=
Lesebuch" habe erscheinen lassen. Es ist gesagt in meiner
gleichfalls seitdem veröffentlichten Rede: „Die indirekten Steuern

und die Lage des Arbeiterstandes". Es ist gesagt endlich in der trefflichen Broschüre unseres Kölner Bevollmächtigten, Herrn M. Heß „Die Rechte der Arbeit", eine Broschüre, deren Verbreitung ich Euch Allen warm an's Herz lege. Diese Schriften, les't sie immer wieder, durchdenkt sie stets von Neuem. Je öfter Ihr sie les't und durchdenkt, zu desto fruchtbareren und neuen Konsequenzen werden sie Euer eignes Denken fortentwickeln. Die Männer, welche die Ehre haben sollen, Euch zu führen, dürfen keine Breittreter sein, keine Zänker und Schwätzer wie die Fortschrittler! Sie müssen Dinge sagen voll Mark und Inhalt, nicht ohne Unterlaß dasselbe wiederholen. An Euch ist es dann, sie ohne Unterlaß zu durchdenken. An dem Volke ist es, ihnen das tausendfältige Echo zu geben, dessen sie bedürfen!

Wenn ich daher im Hinweis auf jene Schriften und Reden in ökonomischer Hinsicht für heute nichts hinzuzufügen habe, so ist es dagegen meine Pflicht, in möglichster Kürze die politischen Ereignisse zu betrachten, die seit meiner Frankfurter Rede eingetreten sind.

Ihr wißt, wie diese Bewegung entstanden ist. Mein „Antwortschreiben" an das Leipziger Central-Komité ist nur die erste Erscheinung, nicht die erste innere Entstehungs-Ursache dieser Bewegung. Diese erste ursprüngliche Entstehungs-Ursache liegt in nichts Anderem, als in dem Verhalten der Fortschrittler in der Preußischen Kammer. Als die Regierung das Budget-Bewilligungsrecht der Kammer thatsächlich aufhob und trotz der von der Kammer verweigerten Ausgabeposten die Militär-Reorganisation eigenmächtig aufrecht erhielt, da verlangte ich als ein Vertreter der demokratischen Partei in meiner Broschüre: „Was nun?", die Kammer möge erklären, daß, solange jene von ihr verweigerten Ausgaben dennoch stattfinden, eine Verfassung thatsächlich in Preußen nicht bestünde; und sie möge ferner deshalb beschließen, sich auf so lange zu vertagen und jede parlamentarische Verhandlung zu verweigern, bis die Regierung den Nachweis angetreten haben würde, daß sie die von der Kammer verweigerten Ausgaben eingestellt.

Dieses Verlangen, meine Freunde, es war nicht einmal ein besonders demokratisches zu nennen, es war nur das Verlangen einer würdigen, männlichen Haltung überhaupt. Schon vor vierzig Jahren rief ein deutscher Dichter, den wir vor

Kurzem begraben haben, rief Ludwig Uhland dem Württem=
bergischen Landtage zu:

„Und könnt Ihr nicht das Ziel erstreben,
So tretet in das Volk zurück,
Daß Ihr dem Rechte nichts vergeben,
Sei Euer einzig lohnend Glück.“

Ich sage, es war gar kein besonders demokratisches Verlangen.
Vor Kurzem haben wir die Schleswig'sche Stände=Versamm=
lung in Flensburg genau in demselben Sinne, genau nach
der Analogie jener Forderung handeln sehen, und zwar wegen
einer verhältnißmäßig noch weit geringfügigern Ursache. Die
dänische Regierung hatte nämlich bei den Wahlen das Gesetz
fälschlich interpretirt, und als jene Wahlen beanstandet wurden
und der Königl. Kommissar die Sache nicht zur Abstimmung
bringen wollte, trat die gesammte Linke aus und machte da=
durch jene Stände=Versammlung beschlußunfähig. Das haben
auch unsre Fortschrittler nirgends getadelt, sie haben es im
Gegentheil in manchen ihrer Blätter immerhin gelobt und
als eine männliche Handlung anerkannt. Aber schon dieses
Minimum von Würde war zu viel verlangt von einer
Partei, die in der Politik und den Rechten des Volkes nur
einen Anlaß zu eitlem, thörichtem Geschwätz und persönlicher
Wichtigthuerei, nicht einen Gegenstand ernsten männlichen
Handelns sieht! Ein einziger Abgeordneter, der in Folge
dessen aus der Kammer austrat — er ist seitdem unser Be=
vollmächtigter für Ostpreußen — ein einziger Abgeordneter
stellte diesen Antrag. Er fand nicht einen einzigen Ge=
nossen zur Unterschrift!

Da war mein Entschluß gefaßt. Seit 1849, vierzehn
lange Jahre, hatten wir die liberale Partei gewähren lassen.
Hatten sich auch unsre Massen im Allgemeinen bei den Wahlen
nicht betheiligt, so hatten wir doch Alles unterlassen, was
diese Partei hätte beeinträchtigen, stören, gefährden können.
Mit einer Selbstverleugnung ohne Gleichen hatten wir
Alles, jedes eigne Auftreten, jede eigne Forderung, Alles,
Alles vermieden, was dieser Partei den Schein hätte ent=
ziehen können, daß sie es sei, welche über die Massen des
Volkes verfüge! Jetzt endlich mußte für alle Welt ersichtlich
sein, daß auf diese vierzehn Jahre erfolglosen Wartens noch
hundertmal vierzehn andre Jahre gleichen erfolglosen Wartens
folgen müßten, wenn wir diese Partei weiter gewähren und

sich als „das Volk" geberden ließen! Jetzt endlich mußte für jeden Denkenden ersichtlich sein, daß diese Schwächlinge es niemals vermögen würden, der Freiheit eine Gasse zu brechen! (Lebhaftes Bravo.) Jetzt konnte uns keine Rücksicht mehr abhalten, jetzt war uns nicht einmal mehr eine Wahl geblieben, jetzt war der Augenblick gekommen, uns auch äußerlich als das zu konstituiren, was wir innerlich seit je waren: als eine selbständige, besondere Partei! Ja, jetzt war dies zur Ehrenpflicht für uns geworden, wir konnten nicht länger den Schein dulden, einer Partei anzugehören, welche bis in diesen Abgrund schmachvoller Schwäche versunken war! Wir hatten unsre Ehre, wir hatten die Ehre des Landes zu retten!

Dieses Motiv war für mich so gebieterisch, daß ich, und wäre ich allein geblieben mit meinem Proteste, dennoch stets mit Stolz und Befriedigung auf ihn zurück geblickt hätte. Aber ich bin nicht allein geblieben! Es hat sich wiederum gezeigt, daß, wenn Jemand nur den Muth hat, die Prinzipien anzurufen, das Echo aus der Brust des Volkes ihm tausendfach antwortet. Tausende und Tausende haben eingestimmt in diesen Protest, unser Verein selbst ist aus ihm hervorgegangen! Schon dadurch allein haben wir Großes gethan. Wenn späte Geschichtsschreiber die traurige Geschichte dieser Tage schreiben werden, nun, so werden sie sagen: Aber es gab wenigstens Männer, die sich mit Zorn und Ingrimm erhoben gegen diese Schmach! Wir haben es diesen Geschichtsschreibern erspart zu sagen: Und es war nicht Ein Mann in Deutschland, der protestirt hätte gegen solche Schmach!

Was sich seitdem zugetragen hat, hat natürlich die grenzenlose Schwäche der Fortschrittspartei in nur immer grellerem Lichte erscheinen lassen. Es ist wahr, Herr v. Bismarck hat einen großen Fehler, einen Fehler zum Theil gegen sein eignes Interesse begangen, indem er die Kammern im Mai vertagte. Wenn er sie hätte weiter sitzen, immer sitzen lassen, sitzen bis heute, wenn sie heute noch säßen, immer dasselbe schwatzend und beschließend, während die Regierung immer mit demselben ruhigen Lächeln thatsächlicher Verachtung über ihre Beschlüsse dahin ginge, — — nun wahrhaftig, das Volk wäre schon durchdrungen von Ekel über eine solche Vertretung! Diese Stimmung begann bereits in Berlin in den letzten Tagen vor dem Vertagungs=Dekret mächtig um sich zu greifen, und zwar sowohl außerhalb als innerhalb der Kammer. Die noch etwas Besseren unter den Fortschrittlern wußten vor Ekel über sich selbst nicht mehr wohin, und die große Masse derselben fing an, eine bedenkliche Neigung zu zeigen, zur Regierung überzulaufen. Ja, ein Fortschrittsblatt selbst, die „Rheinische Zeitung", hat vor Kurzem eingestanden, wenn die Vertagung damals nicht eingetreten wäre, so würde das Land kuriose Dinge an seinen Vertretern erlebt haben. (Beifall.) Da kam die Vertagungs=Ordonnanz des Herrn von Bismarck, — eine Vertagung, für welche viele der Fortschrittler dem Herrn von Bismarck innerlich auf ihren Knien dankten, — und rettete sie für den Moment aus dieser falschen, unmög= lichen Situation, in die sie sich hineingearbeitet hatten!

Aber trotz dieses Fehlers gegen sein eignes Interesse, den Herr von Bismarck beging, ist die grenzenlose Schwäche und Unfähigkeit jener Partei seitdem natürlich in den zahlreichsten Ereignissen zu Tage getreten.

Ich erinnere zuerst an das rheinische Abgeordnetenfest zu Köln und Rolandseck, das Ihr in Eurer nächsten Nähe habt vorübergehen sehen. Es waren die Saturnalien der deutschen Bourgeoisie, die Ihr da hättet mit ansehen können! Und nicht in Köln allein, wohin das Auge sah in Deutschland, wohin der Blick fiel in deutschen Zeitungen, — überall las, sah, hörte man von Festen, Veranstaltung von Festen, Be= schickung von Festen 2c. Ist es erhört? Was feierten diese Merkwürdigen? Während die Lage des Landes so ist, daß man in Sack und Asche gehen sollte, feiern sie Feste! Feste, wie sie etwa die Franzosen zu feiern pflegen nach ihren sieg= reichen Revolutionen, sie feiern sie nach ihren Niederlagen! Um sich den reellen Kampf zu ersparen, feiern sie Feste, stimmen die Geschlagenen hinter Wein und Braten Siegeshymnen an! (Beifall.) Ja, es ist dieselbe Umkehr wie bei den römischen Saturnalien! Wie sich dort die Sklaven zu Tische setzten und als die Herren geberdeten, so setzen sich heutzutage die Be= siegten zu Tische und geberden sich in pomphaft=geschmack= losen Anerkennungs=Toasten als die Sieger! Und wie die römischen Sklaven schon durch die Saturnalien zeigten, daß sie sich durch diese illusorische Freiheit eines Tages völlig abfanden mit der Sklaverei eines ganzen Jahres, so zeigen auch unsre Fortschrittler schon durch ihre illusorischen Sieges= feste jedem Tieferblickenden hinreichend, daß sie auf den reellen Kampf und Sieg verzichten. Als Spartacus mit den Seinen das Banner des römischen Sklaven=Aufstandes erhob, um aus Sklaven freie Männer zu machen, da feierte er keine Saturnalien mehr!

Aber ein noch viel verhängnißvolleres Symptom der völligen Auflösung und Fäulniß der Fortschrittspartei, — das ist die Presse. Ich berühre hier einen Punkt von der größten Wichtigkeit und von dem ich nur bedauere, daß ich ihn trotz aller Ausführlichkeit, die ich ihm widmen werde, immer noch nicht ausführlich genug behandeln kann. Eines müssen Sie ohne Unterlaß festhalten, ohne Unterlaß verbreiten: Unser Hauptfeind, der Hauptfeind aller gesunden Entwick=lung des deutschen Geistes und des deutschen Volksthums, das ist heutzutage die Presse! Die Presse ist in dem Entwick=lungsstadium, auf welchem sie angelangt ist, der gefähr=lichste, der wahre Feind des Volkes, ein um so gefähr=licherer, als er verkappt auftritt. Ihre Lügenhaftigkeit, ihre Verkommenheit, ihre Unsittlichkeit werden von nichts Anderem überboten, als vielleicht von ihrer Unwissenheit.

Die Lügenhaftigkeit dieser Presse haben Sie im Kampfe gegen unsern Verein am besten erfahren, und doch wissen auch nur die Wenigsten von Ihnen, auch nur den allergeringsten Theil dessen, was in dieser Hinsicht vorgekommen! Täglich Lügen, Lügen in reinen puren Thatsachen, Thatsachen erfunden, Thatsachen in ihr Gegentheil entstellt, — das waren die Waffen, mit denen man uns bekämpfte! Und was der Scham=losigkeit die Krone aufsetzte, war, daß man sich in den aller=meisten Fällen weigerte, auch nur eine Berichtigung zu bringen. Es waren die seltensten Ausnahmefälle, in denen hin und wieder einmal ein liberales Blatt sich dazu entschloß. Ich würde kein Ende finden, wenn ich Euch diese Fälle aufzählen wollte. Aber die Presse hat ihre Verkommenheit nicht nur gegen uns, sie hat sie in eben so hohem Grade nach der andern Seite hin bewiesen, durch die unerhörte Feigheit, die sie gegen ihre andern Feinde, die sie gegen die Verwarnungs=Ordonnanz und die Verwarnungen des Herrn v. Bismarck an den Tag gelegt hat. Und das ist das zweite Symptom des öffentlichen Geistes, das ich beleuchten will.

Als die Verwarnungs=Ordonnanz erschien, durch welche die Preßfreiheit geknebelt wurde, da statt gegen diese Ver=gewaltigung nur um so intensiveren Widerstand zu üben, warfen sich alle liberalen Blätter platt auf den Bauch. „Und stille ward's, über des Wassers Rand!" Kein Wort des An= griffs mehr über die innern Zustände; ja die meisten von ihnen, wie z. B. die Berliner Volks=Zeitung, die National= Zeitung u. s. w. erklärten ausdrücklich, daß sie unter diesen Umständen sich genöthigt sähen, über die innere Politik zu schweigen. Sie schwiegen, diese Elenden, jetzt, wo ihnen ein um so stärkerer Grund zum Angriff gegeben war, sie schwiegen jetzt, wo ihnen Sprechen dreimal Pflicht war!

Der Gipfel der Schamlosigkeit aber ist der, daß die Zeitungen selbst mit der ungenirtesten Offenheit ihr Geld=Interesse als den Grund ihres Schweigens eingestanden. Es war die Rheinische Zeitung, — jene unwürdige Namens=Schwester zweier großen Organe, welche das Rheinland 1843 und 1848 besessen hat und welche eine Ehre des Rheinlandes bildeten — es war die Rheinische Zeitung, sage ich, welche mit dieser naiven Enthüllung voranging! „Wie kann man, rief sie aus, als ein lautes Murren in der Masse der Fortschrittspartei selbst über diese Feigheit der Blätter begann, wie kann man den Verlegern zumuthen, daß sie ihr Kapital riskiren, das in der Zeitung steckt?" Freilich! was ist heiliger als das Ver= leger=Kapital! Ja, mit jener schamlosen Verdreherei aller Begriffe, die unsern Zeitungen schon seit lange geläufig ist, konstruirte man es jetzt geradezu als die Pflicht der Zeitungen, um Gottes Willen nicht durch ein männliches Wort das heilige Verleger=Kapital zu gefährden! Es ist das gerade so, als wenn ein Soldat — und Soldaten, Vorkämpfer der Freiheit wollen und sollen ja die Zeitungen sein — als seine erste Pflicht die aufstellte, sich um keinen Preis der Gefahr aus= zusetzen, daß ihn eine Kugel treffe!

So kam es denn, daß trotz des besten Willens und min= destens bis auf den heutigen Tag — mit Ausnahme eines Lokalblattes in der polnischen Provinz — Herr v. Bismarck auch nicht ein einziges liberales Blatt hat unterdrücken können! So kam es, daß unsre liberalen Zeitungen, diese modernen Falstaffs, die aber nur so feige und verlumpt sind, wie Falstaff, nicht seinen Humor besitzen, noch alle glücklich am Leben sind! So kam es aber freilich auch, daß damals zum ersten Male offen eingestanden wurde, daß, — was freilich den Ein= geweihten seit lange kein Geheimniß mehr war, — unsre Zeitungen, statt Soldaten und Vorkämpfer der Freiheit zu sein, nichts sind, als eine industrielle Kapital=Anlage und Geld=Spekulation!

Selbst die reaktionären Blätter mußten damals ihrem Erstaunen und ihrer Entrüstung über dieses Gebahren kaum hinreichenden Ausdruck zu geben.[1]) Wie? rief die Berliner Revue aus, ein hoch konservatives Blatt, wie, das sind Feinde, die beim ersten Trompetenstoße davon laufen? Wie? mit diesem unerhörten Cynismus wird offen eingestanden, daß es sich bei den Zeitungen um nichts als eine Geldspekulation handelt?

Es kann gefragt werden: Aber was hätten die Zeitungen thun sollen?

Die Antwort hierauf kann nicht zweifelhaft sein. In geschlossener Phalanx und mit geparzerten Angriffen hätten alle liberalen Zeitungen auf die Regierung eindringen, die Kühnheit der Regierung durch ihre eigene Kühnheit noch über= bieten und die Regierung gleichsam beim Worte nehmen müssen, ihre Drohung auszuführen, indem jedes liberale Blatt aus allen andern Blättern die Artikel abdruckte, welche zu Verwarnungen Anlaß gaben. Sie hätten verstehen müssen, was bei den politischen Parteikämpfen so häufig das Wichtigste ist, mit Ehren zu sterben!

Dann konnten nur zwei Fälle eintreten. Entweder die Regierung hatte wirklich die Kühnheit, alle liberalen Blätter zu verbieten, nicht blos dieses oder jenes, sondern alle liberalen Blätter, wozu sie gezwungen war, wenn jedes Blatt aus allen andern die Artikel abdruckte, die zu Verwarnungen Anlaß gäben. Und dann war die Grundlage zu einer wahr= haften Agitation gegeben! Denkt Euch die Aufregung, die den Philister erfaßt hätte, wenn er in Berlin die Volks= Zeitung, die Vossische Zeitung und jenes langweiligste aller Organe, die National=Zeitung, wenn er im Rheinland die Kölnische und Rheinische Zeitung, und so überall, nicht mehr beim Kaffee gefunden hätte. Die Kreuzzeitung und ähnliche Blätter, die liest er nun einmal nicht, die haßt er nun ein= mal! Denkt Euch also seinen steigenden Ingrimm, wenn er den Kohl nicht mehr gefunden hätte, an den er gewohnt ist! Denkt Euch zugleich wie tief einschneidend es in die gesammten Interessen des kleinen Handels= und Gewerbsstandes einge=

---

[1]) Welche „Entrüstung" natürlich nur Heuchelei war. D. H.

griffen hätte, wenn er plötzlich die großen Blätter und mit ihnen den geächerten Leserkreis seiner Annoncen, Inserate und marktschreierischen Reklame hätte entbehren müssen! Bei den politischen Kämpfen handelt es sich vor Allem darum, die Indifferenten zu gewinnen und zu erbittern, möglichst große Massen in Mitleidenschaft zu ziehen. — das ist der einzige und naturgemäße Weg für Jeden, der da siegen will.

Hätte die große liberale Partei, wie sie sich zu nennen liebt, hätte sie diese Taktik angewendet, hätte sie die Kühnheit besessen, die Kühnheit der Regierung noch zu überbieten, dann könnte es vielleicht selbst fraglich erscheinen, ob die Regierung ihrerseits die Kühnheit gehabt haben würde, ihre Drohung auszuführen, und mit Einem Schnitte alle liberalen Organe des Landes zu amputiren! Und hatte sie diesen Muth, nun, so trat die bereits geschilderte Wirkung, die tiefe Verbitterung des Landes ein.

So aber freilich hat unsere Regierung die Presse in den Staub getreten, und zum Schweigen gebracht, ohne daß es ihr auch nur einen einzigen reellen Einsatz gekostet hätte! Das Geheimniß der Stärke unserer Regierung besteht bis jetzt in der elenden Schwäche ihrer Gegner! Die Reaktion wird stets in der leichtesten Weise gewonnenes Spiel haben, so lange sie es mit solchen Gegnern zu thun hat!

Freilich aber! Eine solche Taktik, wie ich sie hier geschildert habe, von unsern Fortschrittlern im Ernste zu fordern oder auch nur für möglich zu halten, müßte in den Augen eines Jeden, der das Wesen unserer Fortschrittsblätter kennt, als der höchste Grad denkbaren Wahnsinns erscheinen. Aber eben deshalb ist damit nichts anderes bewiesen, als die totale Unfähigkeit der Fortschrittler zu jedem politischen Kampfe. Eine Partei, die ihre wichtigste Position nicht mit ihren Todten zu bedecken weiß, um sie zu vertheidigen, — eine solche Partei hat keine Möglichkeit des Sieges für sich! Einer solchen Partei bleibt nichts übrig, als bei jedem Angriff von neuem davon zu laufen!

Eine solche Partei und Presse verdient es nicht einmal, daß man sie bedauere bei allen laut schallenden Schlägen, mit welchen die Regierung ihren Rücken bedeckt. Was sich seiner Haut gar nicht zu wehren weiß, nun, das hat auch keine Existenz-Berechtigung, das verdient auch nicht, daß es lebt!

Man kann, sage ich, nicht einmal das geringste Bedauern für diese Presse empfinden trotz aller Gewaltmaßregeln der Regierung, und zwar würde man selbst dann nicht die geringste Sympathie für sie fühlen können, wenn sie sogar wirklich die hohen und reinen Ziele verfolgte, die sie zu verfolgen vorgiebt, was, wie Ihr wißt, nicht der Fall ist. Wir könnten, sage ich, keine Sympathie für sie empfinden, und sogar dann nicht, wenn sie unsere eigenen Ziele verfolgte, wovon, wie Ihr wißt, das Gegentheil stattfindet. Denn gleich viel, welche Ziele sie auch verfolgte — welches Interesse soll man für Männer empfinden, welche bei jedem Angriffe davon laufen, für Kämpfer, welche jeden Hieb statt mit der Brust nur mit dem Hintern pariren? Welche Sympathie würde wohl der Widerstand der Polen gegen Rußland in Europa erweckt haben, wenn die Polen als ersten Grundsatz aufgestellt: „Vor allen Dingen muß unsre Person und sogar unser Kapital unverletzt bleiben", und nun in Folge dessen jedesmal davon gelaufen wären, so oft sich ein Kosack zeigte? Welche andern Gefühle kann ein derartiges Schauspiel erregen, als die der lachenden Verachtung, des Widerwillens und des Ekels über solche Helden!

Ja, gerade je höher und reiner die Ziele solcher Männer wären, desto höher müßte die Verachtung steigen, daß nicht einmal so hohe Ziele eine männlichere Haltung in ihren Verfechtern zu erzeugen vermögen, und der einzige halbe Milderungsgrund, der sich für das Verhalten der Fortschrittler auftreiben läßt, ist in der That gerade der, daß es sich bei ihren Zwecken in letzter Analyse um nichts Anderes handelt, als darum, eine Hand voll Leute zu höherer Geltung zu bringen. So jämmerlich mittelmäßige Zwecke können aber auch nur eine so jämmerlich mittelmäßige Haltung erzeugen; nur eine große Idee, nur die Begeisterung für gewaltige Zwecke erzeugt Hingebung, Opfermuth, Tapferkeit! (Lang anhaltender Beifall.)

Ich habe zuerst die vollkommene Lügenhaftigkeit, dann die namenlose Feigheit und Unsittlichkeit unsrer großen liberalen Presse betrachtet; soll ich jetzt noch drittens die absolute Unfähigkeit, die staunenswerthe und alle Eure Vorstellungen überschreitende Unwissenheit unsrer Zeitungsschreiber, dieser geistigen Vorkämpfer, nachweisen? Das habe ich nicht mehr nöthig, denn ich habe sie bereits lange vor der gegenwärtigen Bewegung, heute vor 1³/₄ Jahren, in meinem „Julian der

Literarhistoriker" unter dem rauschenden Beifall der größten Gelehrten und Denker Deutschlands, die mir dafür mündlich und brieflich die Hand schüttelten, enthüllt und nachgewiesen. Auf jene Schilderung verweise ich Euch. Ich habe dort nach= gewiesen, wie sie in ihrer wüsten Unwissenheit den Geist des Volkes verpesten, ihn in ihrer frivolen Gedankenlosigkeit, in ihrem metiermäßigen Haß gegen alles Große und Bedeutende systematisch untergraben. Und zwar habe ich das nachgewiesen an Julian, dem Chef=Redakteur der Berliner Allgemeinen Zeitung, als an einem der unbestreitbar noch gebildetsten und bedeutendsten unter den Zeitungsschreibern. Ich ließ ihn, wie ich gleich damals im Vorwort ausdrücklich erklärte, nicht als Person, sondern nur als den Chef und Primas, als den gefeierten Literar=Historiker und gesalbten König dieser ganzen Bande Spießruthen laufen. Nur um den geistigen Typus seiner ganzen Gattung an ihm zu kennzeichnen, erklärte ich, ihn herauszugreifen und zu behandeln.

Das ganze Geschlecht der Zeitungsschreiber ächzte damals unter diesem gegen die ganze heutige Presse geführten Streich. Die Meisten verbissen ihre Wuth. Als mein Antwortschreiben erschien, glaubten Viele dieser Aermsten eine Gelegenheit zur Rache gefunden zu haben, und das war ein Grund mehr, der unsre Zeitungsschreiber so wüthig und schamlos gegen mich auftreten ließ.

An Julian konnte man doch noch mit Ehren einen solchen Nachweis führen. Wer aber sollte sich z. B. dazu überwinden, die zugleich widerlichste und komischste Erscheinung unsrer Tage, die Berliner Volkszeitung und ihren Redakteur, Herrn Bernstein, zu charakterisiren, einen gewesenen Leihbibliothekar, der in seinem Geschäft die Lektüre seiner Leihbibliothek pro= fitirt hat und damit die Bildung erlangt zu haben glaubt, die erforderlich ist, um ein großes Volk zu führen? Ein Mann, der täglich über Gott und die Welt und noch vieles Andere Leitartikel schreibt und dies nur deshalb kann, weil er in seiner glücklichen Unwissenheit gar nicht ahnt, wie ihm auf jedem Schritt und Tritt alle Elemente fehlen. Ein Mann, der nicht einmal Deutsch zu schreiben vermag, sondern durch ein eigenthümliches Kauderwelsch, das er seinen Lesern eingiebt, das sogenannte Jüdisch=deutsch — kein Satz ohne grammatika= lische Fehler — dem Volke langsam und sicher sogar noch seine Sprache und deren Genius verdirbt!

2*

Und doch ist grade dieses Blatt noch immer das gelesenste politische Blatt in ganz Deutschland. Es hatte mindestens vor Kurzem noch 33 000 Abonnenten, von denen es allerdings in der letzten Zeit 8000 verloren haben soll, eine freudige Erscheinung, an welcher, wie ich hoffe, unsre Bestrebungen vielleicht nicht ohne großen Antheil sind.[1]) Aber auch so ist es noch immer eins der gelesensten politischen Blätter Deutschlands. Je schlechter heute ein Blatt, desto größer ist sein Abonnenten-Kreis.

Das sind ernste, sehr ernste Erscheinungen, und ich nehme, die Seele voll Trauer, keinen Anstand zu sagen: wenn nicht eine totale Umwandlung unsrer Presse eintritt, wenn diese Zeitungspest noch fünfzig Jahre so fortwüthet, so muß dann unser Volksgeist verderbt und zu Grunde gerichtet sein bis in seine Tiefen! Denn Ihr begreift: wenn Tausende von Zeitungsschreibern, dieser heutigen Lehrer des Volks, mit hunderttausend Stimmen täglich ihre stupide Unwissenheit, ihre Gewissenlosigkeit, ihren Eunuchenhaß gegen alles Wahre und Große in Politik, Kunst und Wissenschaft dem Volke einhauchen, dem Volke, das gläubig und vertrauend nach diesem Gifte greift, weil es geistige Stärkung aus demselben zu schöpfen glaubt, nun, so muß dieser Volksgeist zu Grunde gehen und wäre er noch dreimal so herrlich! Nicht das begabteste Volk der Welt, nicht die Griechen, hätten eine solche Presse überdauert! Und Ihr begreift, daß, wenn auch fünf, zehn, zwölf unterrichtete ernsthafte und tüchtige Männer unter dieser Bande wären, dies an dem Gesagten nichts ändern kann, da ihre Stimme machtlos verhallen muß in dem Schwall und Geräusch ihrer Kollegen.

Hier aber unterbreche ich mich. Wenn ich so trübe säße, könntet Ihr fragen, wo wäre dann das Mittel der Rettung? Denn selbst in einem demokratischen Staate, selbst nach einer

[1]) Soweit bekannt, war die Hauptsache des damaligen Rückganges der „Volkszeitung" die Konkurrenz der Anfang der sechsiger Jahre gegründeten „Staatsbürgerzeitung" des Demagogen Held, und insofern nicht grade ein sehr erfreuliches Zeichen. Wie sehr Lassalle in seiner Gereiztheit über das Ziel hinausschießt, zeigt grade dieses Beispiel. Mit all ihren großen Fehlern war die „Volkszeitung" damals wenigstens ein Blatt, das einen politischen Charakter hatte, und dessen Leiter, um ihm diesen Charakter zu bewahren, die Einrückung von Geschäftsanzeigen zeitweise direkt entmuthigten. D. H

glücklichen Revolution, wäre, — so scheint es und so könntet Ihr einwerfen — die Presse damit noch nicht geändert.

Es ist mir dreifache Pflicht, Euch hierauf Rede zu stehen! Pflicht, um die trübe Fernsicht zu verscheuchen, die ich so eben vor Euch heraufbeschworen habe, Pflicht, um Euch zu zeigen, daß die sozialdemokratische Idee auch hierfür ihre Heilmittel in sich trägt! Pflicht deshalb endlich, weil es nützlich ist, die sozialdemokratischen Forderungen so früh als möglich im Volke zu verbreiten, damit sie im geeigneten Augenblicke um so weniger auf Hindernisse stoßen!

Wie also, frage ich, ist es möglich, eine totale Um= wandlung unserer Presse in ihrem innersten Wesen herbei= zuführen?

Um diese Frage zu beantworten, müssen wir uns zuvor klar machen, was eigentlich den Verfall unsrer Presse herbei= geführt hat.

Ich kann Euch hier nicht die Geschichte der europäischen Presse geben. Genug, einst war sie wirklich der Vorkämpfer für die geistigen Interessen in Politik, Kunst und Wissenschaft, der Bildner, Lehrer und geistige Erzieher des großen Publikums. Sie stritt für Ideen und suchte zu diesen die große Masse empor zu heben. Allmälig aber begann die Gewohnheit der bezahlten Anzeigen, der sogenannten Annoncen oder Inserate, die lange gar keinen, dann einen sehr beschränkten Raum auf der letzten Seite der Zeitungen gefunden hatten, eine tiefe Um= wandlung in dem Wesen derselben hervorzubringen. Es zeigte sich, daß diese Annoncen ein sehr ergiebiges Mittel seien, um Reichthümer zusammen zu schlagen, um immense jährliche Revenüen aus den Zeitungen zu schöpfen. Von Stund' an wurde eine Zeitung eine äußerst lukrative Spekulation für einen kapitalbegabten oder auch für einen kapital=hungrigen Verleger. Aber um viele Anzeigen zu erhalten, handelte es sich zuvörderst darum, möglichst viele Abonnenten zu be= kommen, denn die Anzeigen strömen natürlich in Fülle nur solchen Blättern zu, die sich eines großen Abonnentenkreises erfreuen. Von Stund' an handelte es sich also nicht mehr darum, für eine große Idee zu streiten, und zu ihr langsam und allmälig das große Publikum hinaufzuheben, sondern umgekehrt, solchen Meinungen zu huldigen, welche, wie sie auch immer beschaffen sein mochten, der größten Anzahl von Zeitungs=Käufern (Abonnenten) genehm sind. Von

Stund' an also wurden die Zeitungen, immer unter Bei=
behaltung des Scheins, Vorkämpfer für geistige Interessen zu
sein, aus Bildnern und Lehrern des Volks zu schnöden Augen=
dienern der geldbesitzenden und also abonnirenden Bourgeoisie
und ihres Geschmackes, die einen Zeitungen gefesselt durch den
Abonnenten=Kreis, den sie bereits haben, die andern durch den,
den sie zu erwerben hoffen, beide immer in Hinsicht auf den
eigentlichen goldenen Boden des Geschäfts, die Inserate.

Von Stund' an wurden also die Zeitungen nicht nur
zu einem ganz gemeinen, ordinären Geldgeschäfte, wie jedes
andre auch, sondern zu einem viel schlimmern, zu einem durch
und durch heuchlerischen Geschäfte, welches unter dem
Scheine des Kampfes für große Ideen und für das Wohl des
Volks betrieben wird.

Habt Ihr einen Begriff von der depravirenden Wirkung,
die diese täglich fortgesetzte Heuchelei, dieses Pfaffenthum
des 19. Jahrhunderts, allmälig auf Verleger und Zeitungs=
schreiber hervorbringen mußte?

Noch ganz andre Wirkungen aber mußten in einer Zeit
erhitzter politischer Parteikämpfe eintreten. Von vorn herein
konnten natürlich die Zeitungen in diesem Kampfe nichts
andres vertreten als alle Vorurtheile der besitzenden Klassen,
unter denen ja bei weitem die meisten Abonnenten sind, die wieder
die Inserate nach sich ziehen. Aber das ist noch das Wenigste.
Eine noch weit verderblichere Konsequenz war folgende: Ein
Schriftsteller von Ehre würde sich lieber die Faust abhacken,
als das Gegentheil von dem sagen, was er denkt; ja sogar
als, insofern er einmal schreibt, das nicht sagen, was er
denkt. Kann er es schlechterdings nicht, und in keiner
Wendung, ausdrücken, so zieht er sich lieber zurück und
schreibt gar nicht. Bei den Zeitungen ist dies ausgeschlossen
durch das lukrative Zeitungsgeschäft. Sie müssen fort er=
scheinen, das Geschäft bringt es einmal so mit sich. Was
also unsre Regierungen seit 1848 auch anfangen mochten, die
Zeitungen waren von vornherein durch das Geschäft darauf
angewiesen, jeden Kompromiß mit der Regierung zu schließen,
ihr nur die Art von Opposition zu machen, welche die Re=
gierung selbst noch wollte oder zuließ! Das Geschäft bringt
es einmal so mit sich! Hieraus entsprangen seit 1848 eine
Reihe der schimpflichsten Kompromisse unsrer Blätter mit
der Regierung. Dinge, die gar zu wunde Punkte für die

Regierung bildeten, berührte man gar nicht; Dinge, welche man berührte, berührte man nur soweit, soweit die Regierung eine solche Berührung noch zu ertragen beliebte. Ja man bezahlte unter Hinkeldey-Westfalen häufig von Seiten der Presse heimlich eine Art Leute, welche vermöge ihrer Stellung den Zeitungen darüber berichten sollten, über welche Punkte und bis zu welcher Grenze die Regierung wohl eine Opposition ertragen würde oder nicht. O, Ihr werdet staunen, wenn der Augenblick gekommen sein wird, wo alle die Enthüllungen gemacht sein werden, welche die Geschichte eines Tages hierüber einzuregistriren haben wird!

Aber damit noch immer nicht genug! Die ganze Reihe dieser persönlichen Konzessionen, welche die Zeitungsschreiber rein um ihres Geschäftes willen der Regierung machten, die Zeitungsschreiber konnten sie natürlich nicht als solche rein persönliche Konzessionen um des Geschäftes willen gemacht eingestehen, weil sonst die Verachtung des Volkes, der Verlust von Lesern, Abonnenten und Inseraten die unausbleibliche Folge gewesen wäre.

Blieb also nichts übrig, als diese rein geschäftlichen Konzessionen als eben so viele neue Standpunkte des allgemeinen Geistes dem Volke vorzudemonstriren und aufzudrängen, sie als Entwicklungen und heilsame Kompromisse des Volkslebens darzustellen und so den Volksgeist selbst bis auf den Grad zu entmannen und zu verwässern, welcher für die Fortsetzung des lukrativen Zeitungs-Geschäftes erforderlich war! Daher jener Rückschritt des Volksgeistes in allen Gebieten des öffentlichen Lebens seit 1848, daher jene kontrerevolutionäre Stimmung desselben, die man so lange künstlich großgezogen hat, daher jene Entmannung desselben, die 1858 in dem „Neuen-Aera-Schwindel", — gleichfalls einer Erfindung unsrer liberalen Zeitungen und der „Berliner Volks-Zeitung" vor Allen — wie in einem abschreckenden Ansatze zu Tage trat!

Zugleich könnt Ihr Euch selbst denken, welche entsittlichenden Folgen das geschilderte Verfahren täglich auf den Charakter der Zeitungsschreiber weiter hervorbringen mußte, welche frivole Verachtung gegen sich selbst, gegen alle ideellen Zwecke, gegen Leser und Volk, das sich jenen Humbug geduldig aufbinden ließ, jene tägliche Gewohnheit der Selbsterniedrigung zur Folge haben mußte.

Wenn es also z. B. unsrer Regierung einfiele, zu ver=
ordnen: keine Zeitung darf ferner erscheinen, welche nicht mit
fingergroßen Buchstaben die Ueberschrift trägt: „Das Volk
ist eine Canaille", nun, so ist gar keinen Augenblick zu
zweifeln, — denn das Geschäft bringt es so mit sich! — daß
unsre liberalen Blätter erscheinen würden mit der fingergroßen
Ueberschrift: „Das Volk ist eine Canaille!" Und nicht
nur das, sondern sie würden uns jetzt auch noch beweisen,
daß das grade der höchste Grad echter Ueberzeugungstreue und
wahrer Liebe zum Volke sei, daß es der nothwendige neue
Kompromiß des öffentlichen Geistes sei, zu sagen: das Volk
ist eine Canaille!

Wenn Jemand Geld verdienen will, so mag er Cotton
fabriciren oder Tuche, oder auf der Börse spielen. Aber daß
man um schnöden Gewinnstes willen alle Brunnen des Volks=
geistes vergifte und dem Volke den geistigen Tod täglich aus
tausend Röhren kredenze, — — es ist das höchste Verbrechen,
das ich fassen kann! (Lang anhaltendes, sich immer wieder
erneuendes Bravo.) Denkt Euch aber noch weiter die noth=
wendige Rückwirkung, welche die geschilderte Arbeit der
Zeitungen auf die Beschaffenheit der Zeitungsschreiber selbst
ausüben muß. Ihr wißt, wie der Arbeiter die Arbeit, so
bestimmt wieder in hohem Grade wechselwirkend die Arbeit
die Beschaffenheit des Arbeiters. Das lukrative Annoncen=
geschäft hat den Zeitungseigenthümern die Mittel gegeben,
ein geistiges Proletariat, ein stehendes Heer von Zeitungs=
schreibern zu unterhalten, durch welches sie konkurrirend ihren
Betrieb zu vergrößern und ihre Annoncen=Einnahmen zu ver=
mehren streben. Aber wer soll unter dieses Heer gehen, wer,
der sich selber achtet, wer, der nur irgend welche Befähigung
zu reellen Leistungen auf dem Gebiete der Wissenschaft, des
Gedankens oder des bürgerlichen Lebens in sich fühlt? Ihr,
Proletarier, verkauft Euren Arbeitsherren doch nur Eure Zeit
und materielle Arbeit. Jene aber verkaufen ihre Seele!
Denn der Korrespondent muß schreiben, wie der Redakteur
und Eigenthümer will; der Redakteur und Eigenthümer aber,
was die Abonnenten wollen und die Regierung er=
laubt! Wer aber, der ein Mann ist, würde sich zu einer
solchen Prostitution des Geistes hergeben? Ferner bedenkt die
zerrüttenden Folgen, welche diese metiermäßige Beschäftigung
noch in andrer Hinsicht nach sich zieht. Ihr, Proletarier,

verkauft Euch doch nur zu einem Geschäft, das Ihr kennt und versteht, jene aber, die geistigen Proletarier, müssen täglich lange Spalten füllen über tausend Dinge, über Politik, Recht, Oekonomie, Wissenschaft, über alle Fächer der Gesetzgebung, über diplomatische und geschichtliche Verhältnisse aller Völker. Ob man das Hinreichende, ob man das Geringste davon verstehe oder nicht — die Sache muß behandelt, die Zeitung gefüllt sein, das Geschäft bringt es so mit sich! Dazu der Mangel an Zeit, die Dinge näher zu studiren, in Quellen und Büchern nachzuforschen, ja selbst nur sich einigermaßen zu sammeln und nachzudenken. Der Artikel muß fertig sein, das Geschäft bringt es so mit sich! Alle Unwissenheit, alle Unbekanntschaft mit den Dingen, alles, alles muß möglichst versteckt werden unter der abgefeimten routinirten Phrase.

Daher kömmt es, daß, wer heute mit einer halben Bildung in die Zeitungsschreiber-Karriere eintritt, in zwei oder drei Jahren auch das Wenige noch verlernt hat, was er wußte, sich geistig und sittlich zu Grunde gerichtet hat und zu einem blasirten, ernstlosen, an nichts Großes mehr glaubenden, noch erstrebenden und nur auf die Macht der Klique schwörenden Menschen geworden ist!

Aus all diesen Ursachen ist es gekommen, daß sich alle tüchtigen Elemente, die sich früher an der Presse betheiligt haben, allmählig von derselben bis auf sehr vereinzelte Ausnahmen zurückgezogen haben, und die Presse so zu einem Sammelplatz aller Mittelmäßigkeiten, aller ruinirten Existenzen, aller Arbeitsscheuen und Nichtswisser geworden ist, die zu keiner reellen Arbeit tüchtig, in der Presse immer noch eine mühelosere und auskömmlichere Existenz finden, als irgend sonst. Das sind diese modernen Landsknechte von der Feder, das geistige Proletariat, das stehende Heer der Zeitungsschreiber, das öffentliche Meinung macht und dem Volke tiefere Wunden geschlagen hat, als das stehende Heer der Soldaten; denn dieses hält doch nur durch äußere Gewalt das Volk zu Boden, jenes bringt ihm die innere Fäulniß, vergiftet ihm Blut und Säfte! — Daher auch die Entfernung, in welcher sich bei uns alle Männer des wirklichen Wissens wie in heiliger Scheu von den Zeitungen halten. Ich habe eine ziemlich ausgebreitete Bekanntschaft unter den Gelehrten. Wie oft wurde mir nicht bei einer gelegentlichen Aeußerung, ob man nicht über diesen oder jenen besonders wichtigen

Gegenstand einen Artikel in irgend eine beliebige Zeitung liefern wolle, eine Antwort zu Theil voll Staunen und Verwunderung, als enthielte dies fast eine beleidigende Zumuthung!

Ich habe auch in meinem Leben 2 bis 3 Zeitungsschreiber näher kennen gelernt, die in jeder Hinsicht eine rühmliche Ausnahme, ja einen vollständigen Gegensatz zu der eben gegebenen Schilderung bilden. Zwei derselben haben sich auch bereits aus dieser Karriere zurückgezogen; aber wie oft riefen sie nicht alle drei in schmerzlichem Ringen zu mir aus: Lieber Eisenbahnarbeiter sein, als weiter in dieser Karriere verbleiben, die uns Geist und Seele zu Grunde richtet!

Ja, es ist wörtlich wahr, was Herr von Bismarck nur in sehr milder Form in der preußischen Kammer gesagt hat: Die Zeitungen werden von Leuten geschrieben, die ihren Beruf verfehlt haben. — Und hier lache ich schon im voraus, wie die Fortschrittler diese meine Uebereinstimmung mit Herrn von Bismarck wieder als Beweis anführen werden, daß ich von Herrn von Bismarck gewonnen sei. Nur schade, daß ich schon lange vor der ganzen Existenz des Ministeriums Bismarck, nur in weit herberer Form, genau dasselbe in meinem „Julian" drucken ließ. Sie sind eine Bande von Menschen, sage ich daselbst, zu unfähig zum Elementar-Schullehrer, zu arbeitsscheu zum Postsekretär, zu keiner bürgerlichen Hantirung tüchtig und eben deshalb sich berufen glaubend, Volksbildung und Volkserziehung zu treiben!

Es wird also für unsre Fortschrittler schon nichts übrig bleiben als zu sagen, daß ich Herrn von Bismarck zu meinen Ansichten erkauft habe!

Der Grund aber, weshalb ich Euch wiederholt auf diese meine Schrift hingewiesen habe, ist der, daß nicht etwa einer von Euch auf den Verdacht komme, ich dächte erst heute so über die Zeitungen in persönlicher Erbitterung über die Angriffe, die ich erfahren, sondern damit Ihr sehet, wie ich schon lange vor diesen Angriffen so über sie dachte und sprach, in einer Zeit, in der sie meinen Namen immer nur mit der größten Hochachtung und den verbindlichsten Komplimenten zu nennen pflegten! Ist gleichem Sinne kann ich Euch auf mein Arbeiter-Programm verweisen, wo ich gleichfalls noch vor Beginn der jetzigen Bewegung meine Ansichten über die Zeitungen in vollster Kürze, aber doch deutlich genug ausgesprochen habe.

Nachdem wir nunmehr die Ursache erkannt haben, welche nothwendig dieses Verderbniß der Zeitungsschreiber nach sich ziehen mußte, wird es leicht sein zu zeigen, wie in einem sozialdemokratischen Staate eine vollständige Umwandlung der Presse auf die leichteste Weise herbeigeführt werden kann. Ich will in Kürze daher die wichtigsten dieser Maßregeln aufzählen. Die erste ist absolute Preßfreiheit. Denn nur auf dem Boden wirklicher Freiheit kann sich altes Große entwickeln; 2. Aufhebung der Kautionen für Zeitungen; denn diese Kautionen haben, wie ich Euch schon im Arbeiter-Programm auseinandergesetzt, nur die Wirkung, die Zeitungen zu einem Monopol der Kapitalisten zu machen und es dem Volke zu wehren, seinerseits Organe gründen zu können, die seine Ueberzeugung vertreten.

3. Abschaffung der Stempelsteuer; denn die Stempelsteuer hat einerseits dieselbe Wirkung, wie die Kautionen und andrerseits ist es noch außerdem stupide, die Zeitungen, insofern sie ja Volkslehrer sein sollen, besteuern zu wollen. Es ist als ob man den Schulunterricht, oder etwa die Predigt der Geistlichen besteuern wollte. — Alle diese Maßregeln aber würden noch ganz unmächtig sein, das Wesen unsrer Presse, wie es nun einmal geworden ist, umzuwandeln, wenn nicht eine vierte Maßregel hinzukäme, welche diese Umwandlung vollbringen muß.

Ich habe Euch gezeigt, daß das Verderben der Presse mit Nothwendigkeit daraus hervorgegangen, daß sie unter dem Vorwand, geistige Interessen zu verfechten, durch das Annoncenwesen zu einer industriellen Geldspekulation wurde. Es handelt sich also einfach darum, diese beiden Dinge zu trennen, die ja auch nichts mit einander zu thun haben. Insofern die Presse geistige Interessen vertritt, ist sie dem Volksschulredner oder Kanzelprediger vergleichbar; insofern sie Annoncen bringt, ist sie der öffentliche Ausrufer, der öffentliche Trompeter, der mit hunderttausend Stimmen dem Publikum anzeigt, wo eine Uhrkette verloren, wo der beste Tabak, wo das Hoff'sche Malzextrakt zu haben ist. Was hat der Prediger mit dem öffentlichen Trompeter zu thun und ist es nicht eine Mißgeburt, beide Dinge mit einander zu verbinden?

In einem sozialdemokratischen Staate muß also ein Gesetz gegeben werden, welches jeder Zeitung verbietet, irgend eine Annonce zu bringen, und diese ausschließlich und allein den vom Staate oder von den Gemeinden publizirten Amtsblättern zuweist.

Von Stund' an hören die Zeitungen auf, eine lukrative Geldspekulation zu sein. Von Stund' an ziehen sich die spekulirenden Kapitalien von ihnen zurück. Von Stund' an verhungert das stehende Heer der Zeitungsschreiber oder wird Stiefelputzer; das ist seine Sache! Von Stund' an hört der Zeitungsschreiber von Metier auf und an seine Stelle tritt der Zeitungsschreiber von Beruf! Von Stund' an existiren nur solche Zeitungen und können nur solche Männer Zeitungen schreiben, welche ohne Rücksicht auf lukrative Bereicherung die Mission in sich fühlen, für die geistigen Interessen und das Wohl des Volks zu kämpfen.

Wollt Ihr einen Beweis mehr für diese nothwendige Wirkung jener Maßregel? Seht auf die Blätter, die im Lauf der jetzigen Bewegung auf unsre Seite getreten sind: der Nordstern, der Volksfreund, noch zwei bis drei andre kleine Blätter. Es sind alles Blätter, welche keine Annoncen haben noch bringen, noch jemals zu bringen hoffen oder streben.[1] Es sind daher auch Blätter, geschrieben von Männern, welche aus wirklichem Interesse an den geistigen Kämpfen und nicht um ihrer Bereicherung willen sich diesem Berufe widmen, von Männern, welche daher auch in jeder Hinsicht eine vollständige Ausnahme von der Schilderung bilden, die ich Euch vorhin entworfen.

Eben so unangreiflich wäre aber auch der andre Theil jenes Gesetzes, welcher die Annoncen ausschließlich den, sei es vom Staate, sei es von den Gemeinden publizirten Amts= blättern überweist. Insofern die Blätter Annoncen bringen, stellen sie, wie bereits bemerkt, nur den öffentlichen Aus= rufer dar. Es ist dies also eine Funktion, die eben so ein= fach und nothwendig, wie etwa der Nachtwächterdienst, zu den Attributen des öffentlichen Wesens in seiner staatlichen oder städtischen Organisation gehört. Noch heute könnt Ihr etwa in kleinen schwäbischen Städten sehen, wie von einem Trom= peter ausgeblasen, oder von einem Gemeindebeamten ausge=

---

[1] Bekanntlich unrichtig. Und es braucht keines besonderen Nachweises, warum das Verbot der Annonzenaufnahme die Presse durchaus nicht hindern würde, Gegenstand der Geldspekulation rc. zu sein. Sie wird das in der modernen bürgerlichen Gesellschaft immer sein, welche Formen man ihr auch auferlegt.

schellt wird, was verloren, was gefunden u. f. w. Auch trifft
bei dieser Arbeit nicht einmal irgend einer jener ohnehin meist
sehr schlechten Gründe zu, die man gewöhnlich geltend macht,
dem Staat oder den Gemeinden irgend eine produktive Arbeit
zu entziehen. Es ist hierbei weder von Erfindung, noch von
einem besondern individuellen Unternehmergeist die Rede, son=
dern nur von einer einfachen, vom Inserirenden bestellten
mechanischen Thätigkeit, die ganz ebenso gut zum Nutzen und
im Auftrag eines Kapitalisten ausgeführt werden kann. Und
es ist überhaupt nur in der heutigen Zeit, zu deren Grund=
sätzen es einmal gehört, daß alles Profitable der Profitwuth
einzelner Kapitalisten zur Ausbeutung anheimfallen muß, es
ist nur in dieser Zeit zu begreifen, daß dieser öffentliche Aus=
ruferdienst so lange dem Nutzen und Interesse einzelner Kapi=
talisten überlassen werden konnte. Durch diese vom Staate
oder den Gemeinden publizirten Annoncenblätter würden ferner
jährlich, viel zu niedrig veranschlagt, mindestens 1 bis 2
Millionen gewonnen werden, um so mehr, als sich hier alle
Betriebskosten sehr ermäßigen würden, als sich ferner diese
Blätter keine Konkurrenz unter einander machen und in keiner
noch so großen Gemeinde mehr als ein einziges Blatt er=
scheinen würde. Diese Millionen könnten also benutzt werden
um eben so viele Millionen von jenen indirekten staatlichen
oder städtischen Steuern zu streichen, die am meisten auf die
ärmeren Klassen drücken, und die widrige Reklame der heu=
tigen Zeit, das Hoff'sche Malzextrakt und die Goldberg'schen
Rheumatismusketten hätten so mindestens ihre gemeinnützige
Wirkung.

Das also ist die nach allen Seiten hin heilsame Maß=
regel, welche im sozialdemokratischen Staate eine totale Um=
wandlung der Presse in ihrem innersten Wesen hervorrufen
würde. Ich habe sie Ihnen entwickelt, um bei Zeiten die Ge=
müther des Volks darüber zu verständigen. Verbreiten Sie
das, was ich Ihnen hierüber gesagt, erheben Sie diese Maß=
regel zu einer Volks=Tradition. Accrediren[1]) Sie sie durch das
tausendfältige Echo Ihrer Stimme, erheben Sie sie zu einer
demokratischen Forderung ersten Ranges, damit nichts in
späterer Zeit ihrem Verständniß sich widersetze! Und bis
dahin halten Sie fest daran: der wahre Feind des Volks, sein

---

¹) Beglaubigen.

gefährlichster Feind, um so gefährlicher deshalb, weil er unter der Larve seines Freundes auftritt, das ist die heutige Presse! Halten Sie fest, mit glühender Seele fest an dem Losungs= wort, das ich Ihnen zuschleudere: Haß und Verachtung, Tod und Untergang der heutigen Presse! Es ist das eine kühne Losung, ausgegeben von Einem Mann gegen das tausendarmige Institut der Zeitungen, mit welchem schon Könige vergeblich kämpften! Aber so wahr Sie leidenschaft= lich und gierig an meinen Lippen hängen, und so wahr meine Seele in reinster Begeisterung erzittert, indem sie in die Ihrige überströmt, so wahr durchzuckt mich die Gewißheit: der Augenblick wird kommen, wo wir den Blitz wer= fen, der diese Presse in ewige Nacht begräbt!!!

(Pause von 10 Minuten.)

Das dritte und nicht weniger klägliche Symptom unsrer Zeit, das ich beleuchten will, ist der Abgeordnetentag in Frank= furt am Main.

Ihr wißt, die Nationalvereinler oder Fortschrittler, welche den Abgeordnetentag bilden, hatten immer erklärt, an der Frankfurter Reichsverfassung von 1849 festzuhalten. Sie sei das bestehende Recht, das Palladium deutscher Nation!

Ich muß hier von vornherein einem Mißverständniß be= gegnen. Das Zurückkommen auf die Frankfurter Reichsver= fassung, — es ist nicht mein, es ist nicht unser Standpunkt! Für uns ist der Gedanke, die Frankfurter Reichsverfassung wiederherzustellen, nichts andres als eine reaktionäre Utopie. Für uns war die Frankfurter Reichsverfassung schon 1849, als sie erlassen wurde, nichts andres, als der letzte Beweis für die Impotenz des Föderalismus.

Eine deutsche Einheit, eine einheitliche souveräne Central= gewalt mit der Beibehaltung von 34 verschiedenen Sonder= souveränitäten — das ist der Widerspruch in sich selbst, das ist so wenig möglich, als daß ein schwarzer Rock zugleich weiß sei. Die Souveränität, wohne sie nun bei Fürst oder Volk, ist ihrer Natur nach untheilbar, so untheilbar wie die Seele eines Individuums.

Was uns also wirklich Noth thut, wenn von Deutscher Ein= heit die Rede sein soll, ist, daß diese 34 selbständigen Sonder= souveränitäten aufhören und in eine einzige zusammensinken.

Dies ist auch der Grund, weshalb die Frankfurter Reichs= verfassung nicht einen Tag wirklich marschiren konnte. Sie ging zu Grunde, nicht, wie unsre Fortschrittler glauben, an ihrem revolutionären Charakter, für welchen jene Zeit noch nicht reif gewesen wäre, sondern an ihrem reaktionären Charakter; sie ging zu Grunde, nicht an dem, was sie neuerte, sondern an dem, was sie beibehielt. Sie ging zu Grunde an jenem logischen Widerspruch einer einheitlichen Central= gewalt mit 34 Souveränitäten.

Der Föderalismus ist überhaupt niemals im Stande, ein einiges Volk zu erzeugen. Schon vor fünfzig Jahren hat einer der größten deutschen Denker, Joh. Gottlieb Fichte, aus= gesprochen, daß das föderalistische Band niemals ein Volks= gefühl zu erzeugen vermöge; daß es für das Volk gar nicht existire und ihm stets so äußerlich bleibe, wie auch jedes andre diplomatische Bündniß der Regierungen untereinander.

Diese Worte haben sich grade jüngst glänzend bewährt an Amerika, welches man sonst als den Triumph des Föderalis= mus anzuführen pflegte. Scheinbar einig zur Zeit Washingtons, hat, statt ein Volksgefühl zu erzeugen oder wach zu halten, die mit dem Föderalismus nothwendig gegebene Vertiefung in die Partikularinteressen dort den Haß gegeneinander im Herzen des Volkes hervorgerufen und einen der blutigsten und grenel= vollsten Kriege heraufbeschworen, welche die Geschichte jemals gesehen hat.[1]

In Deutschland zumal ist es der größte innere Widerspruch, von Föderalismus und Freiheit in einem Athem reden zu wollen.

Die geistige Einheit hat sich unser Volk durch eine große, sich über die Jahrhunderte erstreckende Gesammtarbeit

---

[1] Auch dieses Beispiel zeigt, zu welch fehlerhaften Schlüssen die aus der Idee geschöpften Geschichtstheorien führen. Nicht die föderalistische Verfassung der „Vereinigten Staaten," sondern der auf der Verschiedenartigkeit der Produktionsbedingungen beruhende ökonomische Interessengegensatz ~~war es, der in letzter Instanz~~ zum ~~Krieg zwischen Nord- und Süd=~~Staaten der Union führte. Die Plantagenbesitzer der Südstaaten, die die schwarze Arbeit nicht ent= behren konnten, würden sich auch widersetzt haben, wenn die Union von ihren Gründern zur „einen und untheilbaren" zentralisirten Republik erklärt worden wäre. So richtig die Fichte=Lassalle'sche Bekämpfung des deutschen Föderalismus auch war, so falsch war es, aus den eigenartigen Verhältnissen dieses besonderen Föderalismus eine allgemein=gültige Theorie für alle Zeiten und alle Länder ableiten zu wollen. Das römische Weltreich war zentralisirt und hat viel weniger von einem Volksgefühl erzeugt als die Vereinigten Staaten. Föderalismus und Föderalismus sind eben auch zweierlei. D. H.

bereits erworben. Wir kennen keine preußische und öster=
reichische Poesie, keine norddeutsche und süddeutsche Wissen=
schaft, keine österreichische und preußische Kunst 2c. In allen
Gebieten des geistigen Lebens haben wir die nationale Ein=
heit, das Dasein als Deutsche, bereits wirklich erlangt;
was wir somit noch verlangen und erlangen müssen, ist: die=
selbe Einheit, dasselbe nationale Dasein in geschichtlicher,
politischer Hinsicht. Wenn nun das Recht dieser 34 Fürsten
auf ihre Kronen so groß wäre, daß es mit Fug entgegen=
gestellt werden könnte der gesammten deutschen Nation
und dieser mit Recht verbieten könnte, überhaupt als Nation
da zu sein — dann wäre dieses Recht doch offenbar noch
viel größer den einzelnen Stämmen gegenüber, und ich
weiß nicht, mit welchem Rechte man dann nach Freiheit und
nach irgend welcher Beschränkung dieser angestammten Kronen=
gewalt im Innern strebte!

Für uns also ist der Gedanke, die Frankfurter Reichs=
verfassung wieder herstellen zu wollen, nichts andres als eine
reaktionäre Utopie. Utopie (frommer Wunsch) deshalb, weil
jene Verfassung, um ihres innern Widerspruches willen, in
aller Zukunft ebenso unmöglich auch nur einen Tag lang
marschiren könnte, wie sie es in der Vergangenheit gekonnt
hat; reaktionär deshalb, weil, wenn wir wieder mit jenem
verfehlten Experiment von 1849 anfangen müßten, unsre ganze
Geschichte seit 1848 gar keinen Sinn und gar keine Bedeutung
für uns gehabt hätte. Nach unsrer Auffassung, nach welcher
der Untergang der Frankfurter Reichsverfassung nur die noth=
wendige Folge ihres innern Widerspruchs und der letzte Be=
weis für die Ohnmacht des Föderalismus war, nach dieser
Auffassung hat diese 14jährige Geschichte einen Sinn und
einen großen Sinn, wenn auch einen theuer erkauften!

Aber nicht von meinem Standpunkte aus, sondern von
seinem eignen Standpunkte aus will ich den Abgeordnetentag
kritisiren.

Er hatte noch vor weniger als einem Jahre erklärt, die
Frankfurter Reichsverfassung von 1849 sei unser bestehendes
Recht, sie sei die Fahne, um welche sich die deutsche Nation
schaaren müsse.

Wenn er also auf die föderalistische Intrigue des Frank=
furter Fürstentages überhaupt irgend etwas erklären wollte,
so hatte er von seinem Standpunkt aus eben nur einfach,

darauf hinzuweisen: die Frankfurter Reichsverfassung von 1849 sei bereits die zu Recht bestehende Verfassung deutscher Nation.

Statt dessen, was hat der Frankfurter Abgeordnetentag gethan? Er hat erklärt, daß er das Fürstenprojekt unter den gegenwärtigen Umständen „nicht lediglich verneinen könne!" Das Fürstenprojekt, welches in jeder Hinsicht den grellsten Widerspruch zu der Frankfurter Reichsverfassung bildet! Das Fürstenprojekt, welches statt sich an ein nach dem Frankfurter Reichswahlgesetz durch das allgemeine Wahlrecht gebildetes Reichsparlament zu wenden, einer Delegirtenkammer oder etwa den Kammern der einzelnen deutschen Stämme vorgelegt werden sollte und von ihnen also nur en bloc angenommen oder verworfen werden konnte, somit nirgends und in keiner Weise auch nur ein Zurückgehen auf Reichsverfassung und Reichsparlament übrig ließ.

Der Abgeordnetentag hat somit verleugnet und verrathen, was er Jahre hindurch selbst für das Recht der Nation er= klärt hat! Er hat die Fahne verrathen, zu welcher er selbst jahrelang das Volk gerufen.

Aber freilich, die Fortschrittler hatten zu oft das Parade= pferd der Frankfurter Reichsverfassung geritten, um dieselbe nun lediglich verleugnen zu können.

Der Beschluß enthält daher auch noch einen andern Passus, durch welchen wiederum darauf hingewiesen wird, daß, nicht die Frankfurter Reichsverfassung, sondern höchst diplomatisch — eine Diplomatie zum Speien! — nur eine Verfassung wie die Frankfurter Reichsverfassung dem deutschen Volke Be= friedigung bringen könne!

Aber was haben die Frankfurter Reichsverfassung und das deutsche Fürstenprojekt mit einander zu thun? Was hat das erbliche Kaiserthum und das künstliche Direktorium, die Einheit und die Fünf= oder Sechsheit, das direkte allgemeine Wahlrecht und die Delegirtenkammer, die preußische Spitze und der österreichische Vorsitz mit einander gemein? Welche Einigungspunkte haben sie und wie wären so widersprechende Dinge mit einander zu verbinden?

Jener Beschluß ist daher, indem er in Einem Athem ja und nein, schwarz und weiß, kalt und heiß sagt, nichts andres als der reinste Unsinn, als der blühendste logische Wider= spruch! Jedes Wort dieses Beschlusses ißt das andre auf!

Die Folgen sind nicht ausgeblieben. Von der einen Seite schleudert Herr von Bismarck den Fortschrittlern den Vorwurf in's Gesicht, daß sie Preußen verrathen — und von der andern Seite behaupten die großdeutschen Organe, die Fortschrittspartei verrathe Deutschland an ihren geheimen Lieblingsgedanken von der preußischen Spitze! Und das merk= würdige ist, meine Herren, beide, Herr von Bismarck und die Großdeutschen, beide haben Recht! Die Fortschrittler haben eben das Unmögliche fertig gebracht: um nach allen Seiten hin zu buhlen, haben sie alles verrathen, haben alles behauptet und alles verleugnet in demselben Athem!!!

Wie unwidersprechlich dies sei, will ich Ihnen in aller Kürze dadurch beweisen, daß sogar die Fortschrittler selbst sehr gut erkannt haben und wissen, daß die Sache so steht, wie ich sie soeben geschildert. Einer von ihnen nämlich, Herr Georg Jung aus Köln, hat auf dem Abgeordnetentag in Frankfurt selbst erklärt: „Die Ausschußanträge seien ein Ge= webe von Widersprüchen; fast jeder Satz hebe seinen Vorder= satz auf, um seinerseits wiederum im Nachsatze aufgehoben zu werden." (Elberfelder Ztg." v. 24. Aug.) Das sind die Worte eines Fortschrittlers selbst!

Und nichts desto weniger hat dieser selbe Herr Jung für diesen Beschluß gestimmt, denn er ist ja, wie die Zeitungen berichten, einstimmig gefaßt worden, und er sollte und mußte ja einstimmig gefaßt werden, um die Einigkeit (!) der großen liberalen Partei darzuthun! Die Einigkeit im Aufgeben alles menschlichen Verstandes, die Einigkeit im Unsinn und im Selbstwiderspruch — das ist die Einigkeit der großen liberalen Partei!

Zwei andre Fortschrittler, die Herren Becker und Welter, hatten dem Ausschußantrag gegenüber konsequent den Antrag gestellt, auf die Frankfurter Reichsverfassung zurückzugehen. Aber auch sie zogen ihren Antrag zurück! Freilich hatten sie selbst erklärt, sie müßten diesen Antrag stellen, weil nur in der Frankfurter Reichsverfassung das Recht der deutschen Nation gewahrt sei! Aber — der Beschluß mußte ja ein= stimmig gefaßt werden! Die Einigkeit im Aufgeben aller Prinzipien, im Verrath alles Rechts, nicht nur des objektiven, sondern auch des Rechtes, das man selbst als solches erkannt hat — das ist die sogenannte Einigkeit der großen liberalen Partei! Die Einigkeit eines Narrenhauses!

Zuletzt noch das klägliche Schauspiel, ihren Beschluß dem Fürstentage zustellen zu lassen — selbst dieses haben uns die Fortschrittler nicht erspart! Und welches Recht hatten diese Herren zu einer solchen Zustellung? Sie sind keine juristische Körperschaft, sie bestehen aus Leuten, die früher einmal Abgeordnete waren, aber es nicht mehr sind, aus andern Leuten, welche noch ein Mandat besitzen, aber nicht für eine Verfassung Deutschlands und die überdies durch das Dreiklassenwahlgesetz gewählt sind. Welches Recht zu einer officiellen Kommunikation maßten sich also diese Herren ohne Mandat in dieser deutschen Nationalangelegenheit an?

Wollten sie aber blos als ein Haufen von 500 Männern eine moralische Wirkung ausüben, nun, so wäre diese ja, so weit sie überhaupt eine solche hervorzubringen vermögen, durch ihren Beschluß und dessen Veröffentlichung in den Zeitungen ganz ebenso erreicht worden, und es bedurfte dazu nicht der amtlichen Notifikation oder vielmehr der öffentlichen Anbettelei bei dem Fürstentag.

Welches ist also der wirkliche Grund dieser Reihe von Lächerlichkeiten?

Ich will Ihnen diesen Grund verrathen!

Die Fortschrittler liebäugeln mit den Fürsten, um — — Herrn von Bismarck bange zu machen! Sie hoffen ihn einzuschüchtern durch Kokettiren mit den deutschen Fürsten!

Das sind die Mittel dieser Aermsten! — Und wenn wir Flintenschüsse mit Herrn von Bismarck wechselten, so würde die Gerechtigkeit erfordern, noch während der Salven einzugestehen: er ist ein Mann, jene aber sind — — alte Weiber!

Und noch niemals haben alte Weiber einen Mann eingeschüchtert, auch nicht, wenn sie nach andern Seiten hin liebäugelten!

Herr von Bismarck hat ihnen daher bereits geantwortet durch die Auflösung der Kammer.

Hierbei muß ich auf unser nothwendiges Verhalten bei den bevorstehenden Wahlen eingehen.

Zunächst halten Sie Folgendes fest:

Ein prinzipielles Interesse haben wir bei den nächsten Wahlen nicht.

3*

Wir haben kein prinzipielles Interesse
1. deshalb, weil das allgemeine Wahlrecht noch nicht existirt resp. nicht mehr existirt, welches allein für uns der Boden ist, auf welchem wir eine selbständige und eigne Stellung einnehmen können.

Wir haben kein prinzipielles Interesse, weil
2. die preußische Verfassung, um die gekämpft wird, keine zu Recht bestehende Verfassung ist, und noch nie auch nur einen Tag lang eine zu Recht bestehende Verfassung war!

Lassen Sie mich Sie erinnern an die Thatsachen, die Sie niemals auch nur einen Augenblick aus dem Gedächtniß verlieren dürfen.

Durch die Gesetze vom April 1848 bestand einerseits in Preußen das allgemeine Wahlrecht, und andrerseits war durch dieselben Gesetze bestimmt, daß der König kein neues Gesetz mehr erlassen könne ohne die Beistimmung der gesetzlich bestehenden Landesvertretung, also einer solchen, die in Gemäßheit des damals bestehenden Wahlgesetzes durch das allgemeine Wahlrecht gebildet worden.

Im Dezember 1848, wie Ihnen Allen bekannt, oktroyirte der König eine Verfassung. Ich will nun sehr nachgiebig sein. Mochte er das thun. Eine definitive Gültigkeit konnte diese Verfassung aber erst dann haben, wenn sie von der gesetzlich bestehenden Volksvertretung bestätigt und angenommen worden war. Das sah der König selbst ein und berief deshalb eine Revisionskammer 1849 nach Berlin. Aber noch ehe die Sitzung zu ihrem natürlichen Schluß gelangt war, wurde die Kammer von Neuem aufgelöst und nun das Dreiklassenwahlgesetz oktroyirt. Ich will noch nachgiebiger sein. Mochte der König auch das noch thun, aber wie jene Verfassung selbst, so hatte auch dieses oktroyirte Dreiklassenwahlgesetz erst dann definitive gesetzliche Gültigkeit, wenn es bestätigt war von der zur Zeit der Oktroyirung gesetzlich bestehenden Volksvertretung. Diese war aber, wie bereits hervorgehoben, nach den damals bestehenden Gesetzen durch das allgemeine Wahlrecht zu berufen. Nur eine solche legale, aus dem allgemeinen Wahlrecht hervorgegangene gesetzgebende Versammlung hätte also — falls sich eine solche dazu hergegeben hätte — das oktroyirte Dreiklassenwahlgesetz bestätigen können. Dies ist bis zum heutigen Tage nicht geschehen, sondern dieses Dreiklassenwahlgesetz wurde

— 37 —

bestätigt und die Verfassung angenommen von einer nach dem
oktroyirten Dreiklassenwahlgesetz selbst zusammenberufenen Ver=
sammlung, die somit vollständig illegal war, keinen gesetz=
lichen Boden und keine juristische Existenz hatte.

Da der König selbst seit den Gesetzen vom April 1848
nicht mehr ohne Beistimmung der gesetzlich bestehenden Ver=
tretung Gesetze, also auch kein Wahlgesetz, erlassen konnte, so
konnte er auch keinen andern dazu bevollmächtigen. Ein Recht,
das ich selbst nicht habe, kann ich auch keinem andern über=
tragen. Der König konnte also ebensowenig wie etwa einen
General oder einen Kammerdiener, ebensowenig auch ein paar
hundert Bourgeois zur Bestätigung dieses oktroyirten Drei=
klassenwahlgesetzes bevollmächtigen.

Kein Jurist der Fortschrittspartei selbst wird dieser De=
duktion widersprechen können, oder hat ihr jemals wider=
sprochen.

Ebensowenig ist jener Rechtsbruch vom Volke selbst jemals
in irgend welcher Weise genehmigt oder gutgeheißen worden.
Denn niemals wurde das Volk in seinen Urversammlungen
mit dieser Frage befaßt, und überdies haben seit und in Folge
jenes Rechtsbruchs von 1849 niemals mehr als 25 Procent
der Wähler — also eine winzige Minorität — ihr Wahlrecht
ausgeübt.

Die preußische Verfassung hat also auch noch
nicht einen einzigen Tag zu Recht bestanden!

Ebensowenig kann hieran dadurch etwas geändert werden,
daß die Verfassung einerseits vom König, andrerseits vom
Landtag beschworen worden ist.

Dieser Eid ist ein nichtiger Eid, grade so wie ein am
Altar geleisteter Eid ein nichtiger ist, wenn irgend ein Rechts=
grund die beschworene Ehe nichtig macht.

Und was die Kammern betrifft, so hat es überdies, wie
aus dem Vorigen folgt, seit der Revisionskammer von 1849
noch niemals eine legale Volksvertretung in Preußen gegeben.
Es waren illegale Usurpatorenhaufen und weiter nichts,
welche um den Preis der Rechte des Volkes den Sonderfrieden
der Bourgeoisie mit der Regierung abschließen wollten und erst
jetzt wieder nach dem Volke schielen, wo sie mit der Regierung
um ihren Antheil an der Beute in Streit gerathen sind.

Zwar werden Euch die Kammerhelden sagen: hätten wir
nicht sollen zu jenen, wenn auch freilich illegalen Kammern

zusammentreten, um das, was dem Volke nun einmal an Rechten geblieben war, als eine Waffe zur Wiedererlangung weiterer Volksrechte zu verwenden?

Freilich konnten sie das, aber dann hätten sie jede Kammer=session damit eröffnen müssen, zuvörderst ihre eigne illegale Existenz zu konstatiren und den noch ungesühnten Schatten des Volksrechtes heraufzubeschwören!

Indem sie dies nicht thaten, niemals thaten, indem sie vielmehr alle Lüfte füllen mit dem lügenhaften und heuch=lerischen Geschrei von der zu Recht bestehenden Preußischen Verfassung, zeigen sie blos, daß sie die Rechte des Volkes verrathen, verleugnen und dieselben für die Sonderbeute der Bourgeoisie mit Füßen treten.

Für uns hat also die Preußische Verfassung, die blos der Beweis und das Produkt des am Volke begangenen Rechts=bruches ist, keinen Werth und kein Interesse, ebensowenig wie eine rechtliche Existenz.

Für uns hat der Kampf der beiden Parteien kein prin=zipielles Interesse, denn beide Parteien, Reaktionäre wie Fort=schrittler, sind uns gleich fremd. —

Für uns hat der Kampf kein prinzipielles Interesse, weil der ganze Gegenstand des Kampfes — die preußische Ver=fassung — kein solches Interesse für uns hat.

In uns kann im Gegentheil die Preußische Verfassung kein anderes Interesse hervorrufen, als das, sich so schnell wie möglich verschwinden zu machen!

Ich werde also nicht wählen, jetzt so wenig wie bisheran, und an solchen Orten, wo der Sieg der Fortschrittspartei ohnehin ganz unzweifelhaft wäre, an solchen Orten ist es das Beste, wenn Ihr alle gleichfalls nicht wählt.

Wir haben uns 14 Jahre hindurch von diesen ungesetz=lichen und rechtswidrigen Wahlakten fern gehalten. Man spricht von Ratten, welche das Schiff verlassen, wenn es zu sinken beginnt. Sollen wir die umgekehrten Ratten sein, welche auf das lecke Schiff der Preußischen Verfassung gerade in dem Augenblick springen, wo es untergeht?

Aber haben wir auch kein prinzipielles Interesse an der bevorstehenden Wahlschlacht, so haben wir doch ein sehr großes taktisches Interesse dabei, und dieses taktische Interesse erfordert, daß sie überall, wo der Sieg der Fort=schrittspartei nicht ohnehin unbedingt feststeht, zu Gunsten

— lachen Sie nicht, es ist mein völliger Ernst — zu Gunsten
der Fortschrittspartei wählen!

Die Gründe sind einfach:

Es ist unser dringendstes Interesse, daß das im Mai
dieses Jahres durch die Vertagung unzeitig abgebrochene Experiment wieder aufgenommen werde und sein naturgemäßes
Ende erreiche. Wir haben das dringendste Interesse, daß die
Fortschrittler ihre gänzliche Unfähigkeit, diesen Konflikt zu
einem siegreichen Ende zu führen noch weiter beweisen, damit
auch noch alle diejenigen, welche etwa jetzt noch an sie glauben,
belehrt werden durch die Thatsachen. Es darf um keinen
Preis den Fortschrittlern die Entschuldigung gelassen werden,
bei den Wahlen geschlagen worden zu sein. In derselben,
ja in noch größerer Anzahl als das letzte Mal müssen sie
gewählt werden, um selbst den Blindesten ihre vollständige
und jämmerliche Ohnmacht darzuthun.

Und ferner: so lange das allgemeine Wahlrecht nicht
besteht und so lange wir daher keine selbsteigene Stellung
einnehmen können, so lange muß es unser dringendstes taktisches
Interesse sein, daß dieser Kampf zwischen Reaktion und Fortschrittlern fortdauere, falls ihn nicht die Fortschrittler dadurch zu Ende bringen, daß sie mit einem neuen Kompromiß
zur Regierung überlaufen, was freilich nicht unmöglich ist,
was sie dann aber im Volke definitiv und rettungslos stürzen
und begraben würde.

Ich sage, in unserm Interesse ist es, daß dieser Kampf
fortdauere, nicht damit einer den andern, sondern damit,
wie Ullrich von Hutten diese Hoffnung aussprach, als Luther
zuerst sich gegen den Papst erhob, damit sie sich gegenseitig
untereinander auffressen und verschlingen!

Wir müssen also in diesem Kampfe die Schwächern
unterstützen. Dafür daß die Fortschrittsbäume nicht in den
Himmel wachsen, dafür ist ohnehin gesorgt, dafür wird Herr
von Bismarck schon sorgen!

Wir unsrerseits müssen also wo es nöthig ist dafür sorgen,
daß nicht die Reaktion die Fortschrittler verschlinge.

Wählen Sie sie also, wählen Sie sie noch einmal und
hoffentlich zum letzten Male! Aber wählen Sie sie mit dem
richtigen Bewußtsein, wählen Sie sie, damit sie sich vollends
blamiren und ruiniren!

Ich kehre nach dieser durch die bevorstehenden Wahlen

gebotenen Abschweifung wieder zum Frankfurter Abgeordneten=
tag zurück. Den Schlüssel zu allen Bestrebungen der Fort=
schrittler und Nationalvereinler hat uns wiederum der Prä=
sident des Nationalvereins, Herr von Bennigsen, in der Rede
gegeben, mit welcher er den Abgeordnetentag schloß; er sagt:
„Die Leidenschaft der Volkspartei und die Verstocktheit der
Regierenden habe schon oft zu revolutionären Umwälzungen
geführt. Aber das deutsche Volk sei nicht bloß einmüthig,
sondern auch so gemäßigt bei seinen Ansprüchen, daß die
deutsche nationale Partei, die keine Revolution wolle,
und keine machen könne, keine Verantwortung dafür habe,
wenn nach ihr eine Partei kommen sollte, welche, weil keine
Reform mehr möglich, zu der Umwälzung greife." (Volks=
zeitung vom 25. August d. J.)

Ich finde es zwar sehr ungeschickt von Herrn von Bennig=
sen, daß er uns beständig, auch jetzt noch, daran erinnert, daß
er und seine Partei keine Revolution wollen! Da er
uns aber nun einmal ohne Unterlaß daran erinnert, nun
wohl, so wollen wir ihm diesen Gefallen thun! Erheben wir
also unsre Arme und verpflichten wir uns, wenn jemals dieser
Umschwung, sei es auf diesem, sei es auf jenem Wege, käme,
es den Fortschrittlern und Nationalvereinlern ge=
denken zu wollen, daß sie bis zum letzten Augenblicke er=
klärt haben: sie wollen keine Revolution!

Verpflichtet Euch dazu, hebt Eure Hände empor! (Die
ganze Versammlung erhebt in großer Aufregung ihre Hände.)

Von nicht geringerem Interesse ist die Rede, die gleich=
falls in Frankfurt, bei dem auf den Abgeordnetentag natür=
lich nothwendig folgenden obligaten Feste, Herr Schulze=
Delitzsch gehalten hat.

Ich muß Euch diese Rede vorlesen, damit keiner von
Euch glaube, daß ich ihm Unrecht thue. Herr Schulze=Delitzsch
sagt wie folgt: „Meine Herren! Es ist von Fehlern die Rede
gewesen, die gemacht worden sind von Seiten der Versamm=
lungen, in denen unser politisches Leben begonnen hat. Ich
weiß darüber nichts, behaupte aber eins: wenn je irgendwo
Versammlungen der wahre Ausdruck des Volks gewesen sind,
so sind es jene von 1848 gewesen. Haben sie Fehler gemacht,
so sind es die schwachen Seiten unsrer Volksentwicklung selbst
gewesen, Volksfehler sind in jenen Parlamentsfehlern zur Er=
scheinung gekommen. Verhehlen wir uns nicht, woher über=

haupt das Mißglücken jener durch und durch ehrlichen, tief=
innersten, auf ein durch und durch sittliches Gefühl gegründeten
Arbeiten seinen Ursprung gehabt. Meine Herren! Die Strö=
mung, die damals hineingriff in die politische Frage und der
auch jene Versammlungen sich nicht entziehen konnten, war
keine politische, es war die soziale, es war die Gesell=
schaftsfrage! Durch die soziale Frage ist die politische Be=
wegung des Volks irre geleitet worden, und die Spaltung der
großen liberalen Partei, welche einen Theil derselben der
Reaktion in die Arme warf, hat begonnen auf sozialem Boden.
Als die Junischlacht in Paris geschlagen, war das Schicksal
der liberalen Bewegung in Europa für lange Zeit entschieden.
Meine Herren, verhehlen wir uns zunächst eins nicht: in dem
Momente, wo die gebildeten und besitzenden Klassen sich von
der politischen Bewegung scheu zurückziehen — sei nun ihre
Furcht begründet oder nicht — ist entschieden, daß diese Be=
wegung keine dauernde, keine nachhaltige Umgestaltung der
Verhältnisse zur Folge haben wird." (Volkszeitung vom 26.
August d. J.)

Herr Schulze=Delitzsch ist ein enfant terrible seiner Partei,
ein Kind, welches alle Geheimnisse ausplaudert, die er im In=
teresse seiner Partei mit tiefster Nacht bedecken sollte! Er
sagt Euch, daß die politische Revolution verunglückte, weil
sich die Bourgeois von der politischen Bewegung zurückzogen
und auf die politische Freiheit verzichteten und zwar deshalb,
weil sie sahen, daß Ihr mittelst der politischen Freiheit Eure
soziale Lage ändern und verbessern wolltet! Und was sagt
Euch also Herr Schulze in diesen Worten? Er sagt Euch:

1. Daß die Bourgeoisie niemals in eine Verbesserung Eurer
sozialen Lage willigen wird. Er sagt Euch

2. daß sie Euch niemals auch nur die politische Frei=
heit — das allgemeine und direkte Wahlrecht — gönnen
werde. Denn durch dieses würdet Ihr jederzeit in den Stand
gesetzt sein, die Verbesserung Eurer sozialen Lage in Angriff zu
nehmen. Wenn nun die Bourgeoisie sogar glauben könnte,
daß Ihr heute so artige Kinder seid, dies nicht zu thun, auch
wenn Euch das allgemeine Wahlrecht zur Verfügung stände —
welche Gewißheit hätte sie dafür, daß Ihr auch in 1, in 2,
in 5 Jahren immer so artige Kinder bleiben werdet, das all=
gemeine Wahlrecht nicht für die Verbesserung Eurer Lage in
Bewegung zu setzen? Folglich kann sie, da ihr die Garantie

niemals gegeben werden kann, auch niemals wollen, daß Ihr im Besitz des direkten allgemeinen Wahlrechts gelangt. Er sagt Euch endlich)

3. daß die Bourgeoisie aus diesem Grunde noch lieber auf ihre eigene politische Freiheit verzichtet, als daß sie Euch das allgemeine Wahlrecht gönnt.

Er sagt Euch also ganz dasselbe, was ich Euch in meinem Arbeiterlesebuch hierüber gesagt habe! Ich hatte dort einige Gründe und historische Beweise hierfür zusammengestellt. Wahrscheinlich glaubte Herr Schulze, daß mir noch eine Art von Beweis fehle, das offne Geständniß eines Führers der Bourgeoispartei, — und so war er denn so freundlich, mir auch noch diesen Beweis zur Verfügung zu stellen!

Herr Schulze geht darauf in seinem Toaste dazu über, Euch, den deutschen Arbeitern, ein Lob zu ertheilen für Eure Haltung in sozialer Hinsicht. Er sagt: „Unsre Arbeiter haben es gezeigt, daß sie es verstehen, deutsche Männer zu sein. Sie haben jede Lockung, sich von der Partei des Fortschritts zu trennen, zurückgewiesen."

Dieses ist nämlich uns, dem Allg. Deutschen Arbeiterverein gegenüber gesagt. Haben denn aber die deutschen Arbeiter wirklich dieses Lob verdient? Seid Ihr wirklich so artige Kinder, wie Herr Schulze behauptet? Die deutschen Arbeiter haben dieses Lob nicht verdient! Welches sind die Thatsachen? In Leipzig trat das Centralkomité mit allen Stimmen gegen 2 unsern Prinzipien bei, und in einer großen Arbeiterversammlung daselbst wurde mit 1300 Stimmen gegen 7 dieser Beschluß bestätigt! Auf dem Provinzial-Handwerkertag zu Köln beschloß die Majorität gleichfalls, mein Antwortschreiben zum Manifest der Bewegung zu erheben. In Frankfurt schlug ich die Fortschrittler mit über 400 Stimmen gegen 40. In Mainz mit 800 Stimmen gegen 2. In Hamburg vermögen sie unserm großen Verein gegenüber nirgends Stand zu halten. Eine einzige Adresse, die aus wenigen Rheinischen Städten an mich gelangte, war mit über 1400 Unterschriften bedeckt — und Ihr wißt, welche Schwierigkeit das Sammeln von Unterschriften grade beim Arbeiterstande hat. Eine andre Adresse ist mir soeben aus Dortmund übersandt worden.

In Gersdorf in Sachsen wurde vor Kurzem in einer großen Arbeiterversammlung mit 400 Stimmen gegen 20, in Großenhain mit 400 Stimmen gegen 30, Zustimmung und

Beitrittserklärung zum Allg. Deutschen Arbeiterverein beschlossen. In Ronsdorf wurde vor Kurzem eine massenhafte Arbeiterversammlung, die sich einstimmig für uns auszusprechen im Begriff, von dem fortschrittlichen Bürgermeister rechtswidrig aufgelöst. Wie groß hier in Barmen und Elberfeld unsre Zahl ist, seht Ihr selbst, zwischen 2= und 3000 Mann haben sich trotz des gräulichen Unwetters zu dieser meiner Rede eingefunden, und nur höchstens 250—300 haben, wie Ihr seht, in Folge des vorhin eingetretenen Incidenzfalles den Saal verlassen. —

Das sind die Thatsachen, denen unsre Gegner damit begegnen zu können glauben, daß sie wie der Vogel Strauß die Augen vor ihnen schließen. Thatsachen, denen sie damit begegnen, daß sie, da sie allein über alle Zeitungsschwärze verfügen, sie entstellen und ableugnen. Aber freilich, wenn ich den anwesenden Bevollmächtigten fragen würde, ob alle diejenigen, welche hier diesen weiten Saal füllen und meine Worte mit ihren enthusiastischen Beifallsbezeigungen begleiten, wirklich eingeschriebene Mitglieder unsres Vereins sind, so bin ich im Voraus überzeugt, daß er mir antworten würde: auch nicht die Hälfte!

Woher kommt es denn aber, daß Ihr, die Ihr unsre Ideen theilt, unsre Ansichten und Bestrebungen mit Eurer Sympathie begleitet, daß Ihr noch nicht eingezeichnete Mitglieder seid?

O, ich kenne den allbekannten Grund dieser Erscheinung wohl! Man klatscht Beifall, man sympathisirt, aber man läßt gewähren und behält sich vor, an den Früchten der Bewegung Theil zu nehmen, die Andre mit ihren Kräften erarbeitet haben werden! Ich aber frage Euch, ist das ein männliches, ist das ein eines Arbeiters würdiges Benehmen? Welches ist der Unterschied zwischen einem Arbeiter und einem Schmarotzer, wenn nicht der, daß letzterer von fremder Arbeit leben und da ernten will, wo er nicht selbst gesät hat? Bedenket! das Wort Selbsthülfe, welches unsre Gegner mit Unrecht im Munde führen — bei ihnen ist es nur eine trügerische Illusion, unser Schild und unsre Devise ist es in Wahrheit! Oder giebt es eine großartigere Selbsthülfe, als diejenige, den Staat umformen zu wollen, um dadurch auch die sozialen Verhältnisse zu ändern? Euch also, die Ihr Arbeiter sein wollt und nicht Schmarotzer, Euch, die Ihr nicht von fremder Arbeit leben wollt und da ernten, wo Ihr nicht selbst gesät, Euch, die Ihr mich mit Eurem Beifall und Akklamationen begleitet, Euch ermahne ich zur Scham! An jene

Tifche mit Euch und zeichnet Euch ein als unfre Mitglieder, nehmt Euern Theil an unfern Mühen und Anftrengungen! Unfern Mitgliedern aber rufe ich Folgendes zu: Nicht auf unfre Bevollmächtigten dürft Ihr Euch für die Agitation verlaffen, fondern jeder Einzelne von Euch muß diefe Agitation zu feiner Aufgabe machen!

Ich will Euch ein einfaches und leichtes Mittel angeben, unfre Zahl in kürzefter Frift noch zu verhundertfachen: Jeder Einzelne von Euch muß es fich zum Gefeße machen, in jeder Woche, was ihm nicht fchwer werden kann, mindeftens ein bis zwei Mitglieder dem allgemeinen deutfchen Arbeiterverein zu gewinnen und jede Woche für eine verlorene halten, in welcher er fich diefer Pflicht nicht entledigt hat. Bedenket, in welcher geometrifchen Progreffion fich unfre Reihen vervielfachen müffen, wenn jeder von Euch von diefer Gefinnung durchdrungen ift.

Ja, es muß dahin kommen, daß es für eine Art von Makel und Derjenige nicht für einen vollen Arbeiter gilt, der unferm Vereine nicht beigetreten; und er ift in der That kein voller Arbeiter, denn es fehlt ihm entweder an Einficht in das Lebensintereffe feiner Klaffe oder an der Männlichkeit, für diefes Intereffe felbft wirken zu wollen.

Und nun fordere ich Euch auf, mit mir in den Ausruf einzuftimmen:

Es lebe die foziale Demokratifche Agitation! Es lebe der Allgemeine Deutfche Arbeiterverein!

(Lang anhaltender, fich ftets wieder erneuender ftürmifcher Beifall.)

————

Den entftellenden Berichten gegenüber, welche in ver- fchiedenen Blättern über den äußern Hergang der Verfamm- lungen erfchienen find, laffen wir in Kürze eine genaue that- fächliche Schilderung derfelben folgen.

In Elberfeld (am 20. Sept.) erwarteten trotz des in Strömen niedergießenden Regens viele hundert Arbeiter Herrn Laffalle fchon an der Eifenbahn. Die Verfammlung fand in Barmen, in dem feiner Größe halber hierzu ausgewählten Lokale des Herrn Hallbach ftatt, welches gedrängt voll, von nahe an 3000 Menfchen befetzt war.

Die Sitzung wurde mit fechs auf Herrn Laffalle ausge- brachten ftürmifchen „Hochs" eröffnet, die fich erneuten, als der Redner die Tribüne beftieg.

Ziemlich im Anfang derselben ertönte ein einzelner, lang gehaltener gellender Pfiff.

Unbeschreibliche Aufregung unter den Arbeitern, welche vergeblich den Störer zu ermitteln suchten: Nachdem die Ruhe wieder hergestellt war, erklärte Herr Lassalle:

„Ich muß einige Worte über den Vorgang verlieren, der soeben statt gehabt. Ich fordere Denjenigen, der gepfiffen, zur Scham auf. Es ist schamlos von einem Einzelnen, Tausende zu stören, die, wie er sieht, voll Aufmerksamkeit und Begeisterung an meinen Lippen hängen. Ueberdies muß ich Eines bemerken. Es ist möglich, daß sich nicht nur Mitglieder und Freunde, sondern auch Feinde des Allgemeinen Deutschen Arbeiter-Vereins hier eingefunden haben. Diese mache ich darauf aufmerksam, daß sie heut bei mir, beim Allgemeinen Deutschen Arbeiter-Verein zu Gast sind!

Auch sie sollen uns willkommen sein, insofern sie sich ruhig und bescheiden verhalten.

Aber bei der geringsten absichtlichen Störung werde ich Hausrecht brauchen, und die Störer einfach, ohne Tumult, ohne Mißhandlung, aber mit Blitzesschnelle zur Thür hinaus bringen lassen. Ihr seht, daß ich, abge- sehen ganz von der Polizei, hier Tausende von Händen auf meinen Wink zur Verfügung haben würde.“

In Folge dieser Erklärung setzte der Redner nun seinen Vortrag in voller, nur von stürmischen Beifallsbezeugungen unterbrochener Ruhe fort.

In der Pause trat ein in der Mitte einer Anzahl von Fabrikanten sitzender Herr auf den Tisch und verlangte das Wort. Umsonst machte ihm der Vorsitzende Herr Hillmann bemerklich, daß die Versammlung nur zum Zwecke eines übrigens noch nicht einmal beendeten Vortrags des Herrn Lassalle einberufen sei, daß ferner statutenmäßig in den Ver- sammlungen des Allgemeinen Deutschen Arbeitervereins nur Mitglieder desselben das Wort ergreifen könnten. Der ge- dachte Herr blieb auf dem Tische stehen, immer von neuem das Wort begehrend. Plötzlich verschwand er vom Tisch. In diesem Augenblick versuchte man an den in seiner Nähe be- findlichen Tischen der Fabrikanten ein „Hoch“ auf Schulze- Delitzsch auszubringen. Aber kaum war dieser Name von den Arbeitern vernommen worden, als sich die zunächst Stehenden,

dies für eine offenbare Provokation haltend, auf die Fabrikanten losstürzten und sie mit Blitzesschnelle aus dem Saal
entfernten. Es ist richtig, daß mehrere geschwungene Stühle
und geschleuderte Bierseidel diesen Rückzug beschleunigten. Die
Gesinnungsgenossen der so hinaus Beförderten verließen schleu-
nigst mit ihnen den Saal.

Dieser Vorgang verlief in solcher Schnelligkeit und
Lautlosigkeit, daß man von dem obern Ende des Saales
aus nicht das geringste von demselben hören, sondern nur
aus dem, was man sah, errathen konnte, was unten vorging.

Es waren im Ganzen höchstens 250 Mann, die so, theils
freiwillig, theils gezwungen, den Saal verlassen hatten.

Nach der Pause setzte der Redner seinen Vortrag fort
und beendigte ihn unter der gespanntesten Aufmerksamkeit und
dem einmüthigen rauschenden Beifallsjubel der Versammlung.

Andrer Art waren die Vorgänge in Solingen. Die
Elberfelder Zeitung — das Fortschrittsorgan für Elberfeld
— hatte nach der Barmer Versammlung die „Polizei" darauf
aufmerksam gemacht, sich doch vom Stenographen das Proto-
koll der Rede zu verschaffen, um zu sehen, ob nicht Grund
vorliege, ähnliche Vorgänge zu verhüten. (!!)

Diese Denunziation scheint ihre Wirkungen nicht verfehlt
zu haben.

Die Solinger Versammlung bot einen noch weit groß-
artigeren Anblick dar. Das schöne Wetter hatte es den Arbeitern der ganzen Umgegend erlaubt, sich einzufinden. Der
riesige Saal schien schon gedrängt voll, als, mit grünem Laub
geschmückt, ihre Fahnen voran, an der Spitze ihre Bevollmächtigten, die Kolonnen der Wupperthaler Arbeiter ihren
Einzug hielten. — Viele Tausende vom Volk mußten vor dem
Saale bleiben, der die Menge nicht mehr fassen konnte.

Der Verlauf der Solinger Versammlung ist in No. 266
der Düsseldorfer Zeitung wahrheitsgetreu geschildert, wie folgt:

„Die Denunziation der Elberfelder Zeitung hat ihre
Früchte getragen: Selbst im Jahre 1848 hat das Rheinland
keine so große Volksversammlung gesehen, wie die Arbeiterversammlung, die gestern in Solingen stattfand. Der kolossale
Saal der Schützenburg war so gedrängt voll, daß kein Kellner
passiren konnte und noch viele, viele Tausende drängten sich
vor den Thüren der Schützenburg. Die versammelte Volksmenge wird allgemein auf über 10 000 Menschen geschätzt.

Laſſalle wurde bei ſeinem Erſcheinen auf der Tribüne mit ſtürmiſchem Jubel begrüßt. Eine Störung, die gleich im Anfang ſeiner Rede verſucht wurde, wurde blitzſchnell durch die Entfernung der Störer beſeitigt. Auch war an keine Wiederholung derſelben zu denken. Die Arbeiter waren ſo maſſenhaft erſchienen und zeigten ſich ſo ſichtlich entſchloſſen, keine Störung zu dulden, daß von einer Erneuerung ſolcher Verſuche nicht die Rede ſein konnte. Der Redner hatte un= gefähr ³/₄ Stunde geſprochen, als plötzlich ein Gensdarm auf den Tiſch ſtieg und mit Hinweis darauf, daß bei der vor einer halben Stunde beſeitigten Störung angeblich Ver= wundungen vorgekommen ſeien,[1]) die Verſammlung für aufgelöſt erklärte.

Laſſalle entgegnete dem Gensdarm, daß nach dem Ver= einsgeſetz (§ 5) nur dann eine Auflöſung einer Verſamm= lung erfolgen dürfe, wenn in der Verſammlung Vorſchläge zu ſtrafbaren Handlungen erörtert würden oder Bewaffnete erſchienen; daß dieſe Fälle nicht vorlägen und kein andrer Grund zu einer Auflöſung berechtige. Er wies mit Ernſt und unter ſtürmiſchem Beifall des Volks die Polizei auf die geſetzlichen Folgen hin, falls ſie die widerrechtliche Auf= löſung mit Gewalt durchſetzen wolle.

Der Gensdarm verließ den Tiſch, Laſſalle fuhr in ſeiner Rede fort und alles ſchien ausgeglichen, als fünf Minuten darauf an der Spitze von — doch laſſen wir lieber die Depeſche hierüber reden, die Laſſalle in Folge dieſer Vor= gänge noch von dem Solinger Telegraphenamt aus an den Miniſterpräſidenten zu richten genöthigt war.

Miniſterpräſidenten von Bismarck
Berlin.

Fortſchrittlicher Bürgermeiſter hat ſo eben an der Spitze von zehn mit Bajonettgewehren bewaffneten Gensdarmen und mehreren Poliziſten mit gezogenem Säbel von mir einberufene Arbeiter= Verſammlung ohne jeden geſetzlichen Grund aufgelöſt. Umſonſt mich auf das Vereinsgeſetz berufend proteſtirt. Mit Mühe das Volk — an 5000 Mann in dem großen Saale der Schützenhalle, noch mehrere Tauſend vor demſelben — von Thätlichkeiten ab= gehalten. Von Gensdarmen und Zehntauſenden vom Volk, die

---

[1]) Was allerdings der Fall. Vergl. Einleitungsſkizze Bd. I, S. 155—156.

mich arretirt glaubten, nach dem Telegraphenamt transportirt. Fahne der Elberfelder Arbeiter konfiszirt. Bitte um strengste, schleunigste, gesetzliche Genugthuung.

F. Lassalle.

Der über eine Viertelstunde lange Weg, den Lassalle von der Schützenburg nach dem Telegraphenamt zurücklegte, von der gesammten Volksmenge geleitet, glich einem Triumph= zug, da er unausgesetzt von schallenden „Hochs" auf Lassalle angefüllt wurde. Da das Volk ihn verhaftet glaubte, machte es seiner Sympathie nur um so energischer Luft. Ganz Solingen war auf den Beinen. In allen Straßen, durch welche der immense Zug (— die Letzten waren noch nicht weit von der Schützenburg, als Lassalle mit der Spitze des dichtgedrängten Zuges an dem Telegraphenamt anlangte —) sich wälzte, standen die Frauen und Kinder am Fenster. Die Straßen wurden endlich gesperrt. Von dem Telegraphenamt wurde Lassalle von einem Theil der Volksmenge, die immer noch fürchtete, daß die Gensdarmen Verhaftsversuche auf ihn machen würden, nach dem Vereinslokal des A.=B. be= gleitet, wo zahlreiche Aufnahmen in den A.=B. stattfanden."

Hinzuzufügen ist diesem Berichte noch, daß die zwei Ver= wundungen, welche die Polizei zum Grund der Auflösung nahm, dem Vernehmen nach vor dem Saale vorgefallen sein sollen, als einige Kaufleute und Fabrikanten ein Hoch auf Schulze = Delitzsch zur Saalthür hineinzuschreien versuchten. Einem Arbeiter soll von einem Polizisten ein Daumen mit dem Säbel abgehauen sein. Herr Lassalle versuchte zuerst noch im Saale der Schützenburg die Depesche an den Ministerpräsidenten zu entwerfen, trotz der Aufforderung der Gensd'armen an ihn, den Saal zu verlassen. Die Gensd'armen bliesen ihm das Licht aus und warfen den Tisch um, auf welchem er schrieb.

In dem Vereinslokal des Arbeitervereins, wohin die Volks= masse Herrn Lassalle begleitete, wurde demselben als Geschenk von den vereinigten Arbeitern des Wupperthales ein prächtig auf weißen Atlas gedrucktes Gedicht überreicht, welches den Solinger Schwertarbeiter Ed. Willms zum Verfasser hat. —

In Düsseldorf verlief die Versammlung in größter und würdigster Ruhe. Das Korn'sche Lokal faßte nur 700 Menschen und eine weit größere Anzahl wogte in Folge des= selben vor dem Lokale, umsonst Einlaß begehrend, auf und nieder. Dennoch wurde die Ruhe keinen Augenblick gestört.

Bei der Versammlung in Barmen hatte Herr Laſſalle in Folge des in Strömen niedergießenden Regens einen heftigen Katarrh und Heiſerkeit davongetragen. Er hatte gleichwohl noch Tags vor der Düſſeldorfer Verſammlung in Solingen dem immenſen Lokal der Schützenburg mit ſeiner Stimme Trotz geboten, durch dieſe Ueberanſtrengung ,aber ſich einen momentanen Verluſt ſeiner Stimme — eine faſt vollſtändige Tonloſigkeit — zugezogen. Er erklärte daher in Düſſeldorf ſofort am Anfang der Rede, daß er dieſelbe unter dieſen Um=ſtänden keinesfalls werde zu Ende halten können, aber ver=ſuchen wolle, wie lange ſeine Kräfte aushielten. Der Redner ſprach nun etwas über eine Stunde unter fortgeſetztem ſtürmiſchen Beifall und ſchloß dann, für den Reſt auf den Druck der Rede hinweiſend, die Verſammlung. Gedrängte Volksmaſſen geleiteten ihn von da zu dem Lokal des All=gemeinen Deutſchen Arbeiter=Vereins.

Die Rede iſt vorſtehend wörtlich ſo gedruckt, wie ſie in Barmen gehalten worden.

Alles aber, was Laſſalle in dieſer Rede über die Lügen=haftigkeit der liberalen Preſſe geſagt hatte, ſollte bei Anlaß dieſer Rede ſelbſt noch weit überboten werden. Es iſt oben der Hergang der Verſammlung in Solingen und der in der Rheinprovinz beiſpielloſe Triumphzug geſchildert worden, in welchem an zehntauſend Mann Laſſalle von der Schützenburg an das Solinger Telegraphenamt geleiteten. Während der vollen Viertelſtunde, welche der unabſehbare Zug zur Zurück=legung des Weges brauchte, hörten die aus Tauſenden von Kehlen erſchallenden Hochs auf Laſſalle auch nicht einen Augen=blick auf. Während die Maſſe Kopf an Kopf im beſchwer=lichſten Gedränge den Weg zurücklegte, hielten beſtändige Rufe: „Platz für Laſſalle" einen weiten Raum für ihn und einige ſeiner Begleiter frei. Es würde unmöglich ſein, den Jubel und die Begeiſterung des Volkes ſchildern zu wollen. Jeden Augen=blick wurden von ſich herandrängenden Arbeitern Anfragen an Laſſalle gerichtet, ob er wolle, daß die hinter ihm herziehenden Gensd'armen gewaltſam entfernt werden ſollten, und nur ſeiner entſchiedenen Abmahnung gelang es, dies zu verhüten.

Nun wohl! Dieſer gewaltigen, nicht Anweſenden un=möglich zu ſchildernden Volksmanifeſtation gegenüber, deren Zeuge ganz Solingen geweſen war, durch deſſen Straßen ſich der lange Zug wälzte, wagten es die Redakteure und Bericht=

erſtatter der „Barmer" und der „Elberfelder" (ſo wie auch)
der „Rheiniſchen Zeitung") — gleichſam einſehend, daß
ſie nach Laſſalle's Rede in Barmen, bei der ſie gegenwärtig
geweſen, unmöglich mehr etwas bei der Arbeiterbevölkerung
zu verlieren hätten — eine Verſion aufzuſtellen, nach welcher
die Gensb'armen Laſſalle „zu ſeiner Sicherheit" und
„unter den Verwünſchungen des Volkes" und ihn
„mit vorgeſtrecktem Bajonett gegen die Volksmuth
ſchützend" begleitet hätten.

Ueberflüſſig, darauf hinzuweiſen, wie Laſſalle unmöglich
im Momente ſelbſt dem Miniſterpräſidenten eine heftige Be=
ſchwerde über die Gensb'armerie hätte telegraphiren können,
wenn dieſe zu ſeinem „Schutz" gegen die „Volksmuth." gedient
hätte. Ueberflüſſig, auf alle die Widerſprüche hinzuweiſen, in
welchen die Berichte der „Elberfelder" und der „Barmer
Zeitung" zu einander und jeder wieder zu ſich ſelbſt in
allen ihren Punkten ſtehen.

Ueberflüſſig hervorzuheben, daß die Bevölkerung ſpäter,
als ſich die Gensb'armerie zurückgezogen, Laſſalle ebenſo wieder
vom Telegraphenamt zum Vereinslokal des Arbeiter=Vereins
geleitete. Wer das Bedürfniß hat, aus Geſtändniſſen des
Gegners ſelbſt die Wahrheit zu erfahren, mag den Leitartikel
der „Süddeutſchen Zeitung" — eines der Laſſalle und der
Arbeiterbewegung am meiſten feindlichen Blätter — betitelt:
„Vom Niederrhein, die Rheiniſche Arbeiterbewegung" leſen,
in welchem ſchon nach der Barmer Verſammlung eingeſtanden
wird, es ſei keine eitle Ueberhebung von Laſſalle geweſen,
wenn er in ſeiner Rede geſagt, er ſei gekommen, „Heer=
ſchau" zu halten, und wo die Zahl und der Enthuſiasmus
der Arbeiterpartei am Rhein ſeufzend eingeſtanden wird.[1]

Um aber dieſe neue Blöße der liberalen Preſſe kräftigſt zu
benutzen, und die Arbeiter mit einem unauslöſchlichen Haß gegen
dieſelbe zu erfüllen,[2] erließ Laſſalle ſofort die nachfolgende Auf=
forderung an die Solinger Arbeiter in der „Düſſeldorfer Zeitung":

---

[1] Ueber dieſen Artikel vergl. die nachfolgende Schrift Laſſalle's
„An die Arbeiter Berlins."　　　　　　　　　　　　　　D. H.

[2] Es iſt nicht zu vergeſſen, daß wie die vorher ſorgfältig ausge=
arbeitete Rede ſelbſt ſo auch dieſer von Laſſalle redigirte Bericht neben=
bei den Zweck hatte, auf Bismarck und den König von Preußen Ein=
druck zu machen. Vgl. die Bd. I S. 149 zitirten Worte Laſſalle's an
ſeinen Freund G. Lewy bei Niederſchrift der Rede.　　　　D. H.

Oeffentliche Aufforderung.

Arbeiter Solingens!

Um alles nicht nur zu bestätigen, sondern noch bis in's Komische hinein zu übertreffen, was ich Euch in meiner Rede von der Lügenhaftigkeit der Zeitungsschreiber gesagt habe, stellen die „Elberfelder" und „Barmer Zeitung" in ihren Berichten über die Solinger Versammlung, den im Rheinlande beispiellosen Triumphzug, den mir die Solinger Bevölkerung bereitete, indem sie mich circa zehntausend Mann stark von der Schützenburg bis an's Telegraphenamt begleitete, während der ganzen Dauer des viertelstündigen Weges unausgesetzte jubelnde „Hochs" auf mich ausbringend, so dar: als habe mich die Gensd'armerie — die ich beiläufig wiederholt umsonst aufforderte, sich zu entfernen — zu meiner Sicherheit begleiten und mit vorgehaltenem Bajonett gegen das mit Verwünschungen auf mich eindringende Volk schützen müssen!!!

Ihr, Arbeiter Solingens und der Umgegend, seid an zehntausend Mann stark zugegen gewesen. Ihr wißt, mit welchem Jubel Ihr mich zum Telegraphenamt und später, nachdem sich die Gensd'armerie zurückgezogen, zum Vereinslokal des Arbeiter-Vereins geleitet habt! Euch kann diese dreiste und unerhörte Umkehrung der Wahrheit nur zu unauslöschlichem Haß und beispiellosester Verachtung gegen diese Art von Presse entflammen! Aber auch nach Außen hin darf nirgends der Schatten eines Zweifels hierüber bestehen bleiben.

Und obwohl ohnehin Niemand von gesunden Sinnen an der Wahrheit dieser von mir mit meinem Namen Euch, Solinger Arbeiter, in's Angesicht hinein abgegebenen Er-

4*

flärung zweifeln wird, so beauftrage ich dennoch den Solinger Bevollmächtigten Eduard Willms, 500 die Wahrheit des hier Gesagten einfach bestätigende Unterschriften von gegenwärtig gewesenen Bürgern aller Stände — gleichviel welcher Partei und Richtung sie angehören — zu sammeln und sowie diese Zahl erreicht ist, die betreffende Erklärung derselben in den öffentlichen Blättern mitzutheilen.[1]

Düsseldorf, den 29. Sept. 1863.

F. Lassalle.

---

[1] Die Unterschriften wurden, wie B. Becker in seiner „Geschichte ꝛc." bemerkt, in sechs Tagen zusammengebracht, gaben aber Anlaß zu etlichen Verwahrungen. Nach derselben Quelle lag die Wahrheit zwischen der Darstellung der zitirten liberalen Blätter und der Lassalle's, bezw. der Lassalle günstigen „Düsseldorfer Zeitung" des Herrn Lindau „in der Mitte." D. H.

www.ingramcontent.com/pod-product-compliance
Lightning Source LLC
Chambersburg PA
CBHW021545270326
41930CB00008B/1364